100 FANTASTISKE OMELETTE OPSKRIFTER

Nemme og lækre omeletopskrifter
til at gøre din dag

Hanne Lundberg

© COPYRIGHT 2022 ALLE RETTIGHEDER FORBEHOLDES Dette dokument er rettet mod at give nøjagtige og pålidelige oplysninger om det emne og emne, der er dækket. Publikationen sælges med den tanke, at forlaget ikke er forpligtet til at udføre regnskabsmæssige, officielt tilladte eller på anden måde kvalificerede tjenester. Hvis rådgivning er nødvendig, juridisk eller professionel, bør en praktiseret person i erhvervet bestilles.

Det er på ingen måde lovligt at reproducere, duplikere eller transmittere nogen del af dette dokument i hverken elektroniske midler eller trykt format. Optagelse af denne publikation er strengt forbudt, og enhver opbevaring af dette dokument er ikke tilladt, medmindre der er skriftlig tilladelse fra udgiveren. Alle rettigheder forbeholdes.

Advarsel Ansvarsfraskrivelse, oplysningerne i denne bog er sande og fuldstændige efter vores bedste viden. Alle anbefalinger er lavet uden garanti fra forfatterens eller historieudgivelsens side. Forfatteren og udgiveren fraskriver sig og hæfter i forbindelse med brugen af disse oplysninger

Indholdsfortegnelse

INTRODUKTION 9

OMELETTER OPSKRIFTER 10

1. Paprikaomelet med krydderurter 10

2. Porre frittata 13

3. Omelet med svampe og cheddar 15

4. Osteomelet med krydderurter 17

5. Tomat- og baconomelet med feta 19

6. Hirseomelet med nektariner 21

7. Omeletter med pasta og blandede grøntsager 23

8. Spinat- og osteomelet med laks 26

9. Fyldt omelet 28

10. Omeletter med zucchini 30

11. Omelet med laks og agurk 32

12. Svampeomelet med tomater 34

13. Skinke og rucola frittata 36

14. Zucchini gedeost quiche 38

15. Peberfrugt og kartoffeltortilla 40

16. Omelet Caprese 43

17. Omelet af Keto-ost 45

18. Morgenmad Omelet 47

19. Ostomelet med krydderurter 49

20. Osteomelet 51

21. Frittata med skinke og feta 52

22. Tortilla med spinat 55

23. Omelet med løg og oliven 57

24. Spansk kartoffeltortilla 58

25. Omelet fyldt med feta 62

26. Couscoussalat med jordbær 64

27. Tang-omelet 67

28. Omelet med spinat og asparges 69

29. Baconomelet 72

30. Zucchini og peber tortilla 74

31. Italiensk omelet med ærter 76

32. Kartoffelomelet i spansk stil 78

33. Osteomelet 80

34. Tomatomelet med fåreost 81

35. Omelet med feta og grøntsager 83

36. Frittata med zucchini 85

37. Omeletter med porre og bacon 86

38. Mango omelet 88

39. Peberfrugt og kartoffeltortilla 90

40. Omeletter med zucchini 93

41. Omeletter med grøntsager, croutoner og tofu .. 95

42. Snack med skinke og omelet 97

43. Grøntsagsomelet 98

44. Omeletter med frugt 101

45. Aubergineomelet 103

46. Omelet med østers 105

47. Ris med omelet, bacon og cikorie 107

48. Omelet med bønner og skinke 110

49. omelet roulade 112

50. Svinekødomelet 114

51. Ris- og kødomelet 116

52. Blomkålomelet 118

53. omelet med ricotta og parmesanost 120

54. Kartoffelomelet 122

55. omelet med ost og sojasovs 124

56. Kalkunroulade, omelet og spinat 126

57. Omelet med bacon, kartofler og asparges 129

58. Omelet med croutoner og bønnespirer 131

59. Omelet med broccoli, skinke og croutoner 133

60. Svinekotelet med omelet, ris og majs 135

61. Fransk omelet 138

62. Omelet med kartofler, asparges og ost 140

63. Omelet med kartofler, asparges og ost 142

64. Tofu omelet 144

65. Oksekødomelet 146

66. Omelet med kyllingelever 148

67. Omelet med rejer og svampe 150

68. Tortilla med omelet 152

70. Omelet med salami og løg 154

71. Oksekødomelet 156

72. Omelet med ost og broccoli 159

73. Omelet i brød med bacon og krydderurter 161

74. omelet med morkler og spinat 162

75. omelet med rejer og svampe 164

76. Marokkansk omelet 167

77. Gedeostomelet med basilikum 169

78. Vild hvidløg omelet 170

79. Skinke- og osteomelet 172

80. Sommerhusomelet 175

81. Kartoffelomelet med ost 177

82. omelet med kantareller 179

83. omelet med rejer 182

84. Omelet fyldt med feta 184

85. omelet med frugt 186

86. Spaghetti omelet 187

87. Urteomelet 189

88. Havefriske omeletter 190

89. Avocado toast og omelet 194

90. Zucchini Omelet med urter 196

91. Fuldkornsbrød med omelet og bagte bønner 198

92. Asparges og skinke omelet med kartofler og 200

persille 200

93. Gedeost omelet med rucola og tomater 202

94. Ostomelet med krydderurter 204

95. Tun omelet 205

96. Omelet med frikadeller 207

97. Sund omelet 209

98. Pizza omelet 211

99. Æble og bacon omelet 213

100. Vegansk omelet 214

KONKLUSION 215

INTRODUKTION

En omelet er et kulinarisk præparat lavet af hele æg, der er blevet pisket og kogt i en gryde (svitseret). Det er IKKE en simpel omelet foldet eller rullet på sig selv, men derimod et tilberedt med en meget tydelig form og konsistens (forskellig mellem ydersiden og hjertet af maden).

Den originale omeletopskrift er fransk, som navnet antyder.

Omelettens ernæringsmæssige indtag varierer afhængigt af formuleringen; i praksis kan omeletten bestå af: æg, animalske ingredienser, grøntsager og fedt fra krydderier. Fordøjeligheden varierer meget fra det ene tilberedningsmiddel til det næste, selvom denne tilberedningsmetode (i gennemsnit) betragtes som en af de bedste.

OMELETTER OPSKRIFTER

1. Paprikaomelet med krydderurter

- Tilberedning: 10 min
- kogning på 20 min
- portioner 2 **ingredienser**

- 4 æg
- salt

- peber
- 2 håndfulde blandede urter (f.eks. basilikum, persille, timian, dild)
- 100 g kikærter (glas, drænet vægt)
- 1 rød peberfrugt eller grøn peberfrugt
- 1 gul peber
- 2 spsk olivenolie
- 75 g pecorino eller anden hård ost

Forberedelsestrin

1. Pisk æggene, smag til med salt og peber og pisk godt. Vask krydderurter, ryst tørre og hak halvdelen. Tilsæt de hakkede krydderurter til æggeblandingen.
2. Dræn kikærterne, skyl og afdryp godt. Rens, vask, halver og skær peberfrugten i strimler. Varm 1 spsk olivenolie op på en pande, tilsæt kikærter og paprikastrimler og steg ved middel varme i 3-5 minutter, vend. Salt og peber og stil til side. Riv pecorinoen fint.
3. Varm $\frac{1}{2}$ spsk olivenolie i en anden, lille pande. Tilsæt halvdelen af æggeblandingen og dæk

hele bunden af gryden. Dæk til og lad stå ved svag varme i cirka 5-7 minutter. Læg halvdelen af grøntsagerne og halvdelen af osten på den ene side af omeletten. Fold omeletten i og læg den på en tallerken. Gør det samme for den anden omelet.
4. Pluk de resterende krydderurter groft og fordel på omeletterne. Server straks.

2. Porrefrittata

- Forberedelse: 15 minutter
- madlavning på 25 min
- portioner 4 **ingrediens**

- ½ fret forårsløg
- 1 håndfuld friske krydderurter (f.eks. dild, persille, koriander)
- 2 spsk olivenolie
- 8 æg

- 50 ml flødeskum
- 20 g parmesan (1 stk.)
- salt
- peber
- 50 g rucola

Forberedelsestrin

1. Rens og vask forårsløgene og skær dem i diagonale strimler. Vask krydderurterne, ryst dem tørre, pluk og hak dem groft.
2. Varm olien op i en stor slip-let pande (eller to små pander) og svits forårsløgene i 3-4 minutter, indtil de er gennemsigtige. Riv parmesanen fint. Pisk æggene med fløde, krydderurter og parmesan. Smag til med salt og peber. Hæld forårsløg over, bland kort og lad trække ved svag varme i ca. 10 minutter (rør ikke mere). Når undersiden er brunet skæres i 4 stykker med en spatel. Bag på anden side i 2-3 minutter, indtil de er gyldenbrune.
3. Vask raketten og ryst den tør. Server frittataen toppet med rucola og drysset med parmesan, hvis du har lyst.

3. Omelet med svampe og cheddar

- Tilberedning: 25 min
- portioner 4 **ingredienser**

- 300 g brune svampe
- 1 skalotteløg
- 2 spsk olivenolie
- salt
- peber
- 8 æg

- 100 ml mælk (3,5 % fedt)
- 1 knivspids gurkemejepulver
- 90 cheddarost (3 skiver)
- 10 g kørvel (0,5 bundt)

Forberedelsestrin

1. Rens svampene og skær dem i skiver. Skræl og skær skalotteløg i fint. Varm 1 spsk olivenolie i en gryde. Tilsæt svampe og skalotteløg og svits i 3-4 minutter ved middel varme. Smag til med salt og peber, tag af panden og stil til side.
2. Pisk æg med mælk. Smag til med 1 knivspids gurkemeje, salt og peber. Pensl en belagt pande med lidt olie, tilsæt 1/4 af æggeblandingen og rør rundt for at fordele den jævnt. Top med 1/4 af de stegte svampe. Kog omeletten ved middel varme i 2-3 minutter og lad den brune let.
3. Pluk 1/4 af cheddaren i stykker, dæk omeletten med den, skyd ud af gryden og hold varm i den forvarmede ovn ved 80 ° C. Brug resten af æggeblandingen, de resterende svampe og cheddaren, og bag 3 stk. flere omeletter på samme måde og hold dem varme.

4. Vask kørvelen, ryst tør og pluk bladene. Pynt omeletterne med peber- og kørvelspidser og server.

4. Osteomelet med krydderurter

- Tilberedning: 5 min
- kogning på 20 min
- portioner 4 **ingredienser**

- 3 stilke kørvel
- 3 stilke basilikum
- 20 g parmesan

- 1 skalotteløg
- 8 æg
- 2 spsk creme fraiche ost
- 1 spsk smør
- 150 g fåreost
- salt
- peber

Forberedelsestrin

1. Vask kørvel og basilikum, ryst tør og hak groft. Riv parmesanen. Skræl og skær skalotteløget fint. Pisk æggene med creme fraiche, parmesan, kørvel og halvdelen af basilikum.
2. Smelt smørret i en ovnfast gryde, steg skalotteløg heri, hæld æggene i og smuldr fetaen over. Bages i en forvarmet ovn ved 200° i cirka 10 minutter, indtil de er gyldenbrune.
3. Tag ud af ovnen, krydr med salt, peber og server drysset med den resterende basilikum.

5. Tomat- og baconomelet med feta

- Forberedelse: 15 minutter
- portioner 2 **ingredienser**

- 8 cherrytomater
- 1 rød chilipeber
- 50 g morgenmadsbacon i tynde skiver
- 5 æg
- 100 ml laktosefri mælk 1,5% fedt
- salt

- peber
- 100 g hyrdeost
- 2 tsk smør
- 1 håndfuld basilikum

Forberedelsestrin

1. Vask og halver tomaterne. Vask chilien, halver den, udkern og skær den i meget smalle strimler. Skær baconen i ca. 4 cm brede strimler. Pisk æggene med mælken, smag til med salt og peber. Dup hyrdeosten tør og skær den i tern.
2. Steg halvdelen af baconen i en slip-let pande, tilsæt derefter 1 tsk smør og smelt. Hæld halvdelen af æggeblandingen over, og tilsæt halvdelen af tomaterne og chilistrimlerne, mens den stadig er blød. Drys med halvdelen af mængden af ost og basilikum og lad ægget stivne.
3. Kom omeletten over på et fad og server.
4. Forarbe de resterende ingredienser til en anden omelet.

6. Hirseomelet med nektariner

- Tilberedning: 20 min
- kogning på 40 min
- portioner 2 **ingredienser**

- 40 g hirse
- 2 æg (m)
- 10 g helt rørsukker (2 teskefulde)
- 1 knivspids salt
- 150 g vaniljeyoghurt (3,5 % fedt)
- 2 spsk fersken frugtkød

- 250 g nektarin (2 nektariner)
- 2 tsk solsikkeolie

Forberedelsestrin

1. Bring 75 ml vand i kog, drys hirsen i og rør rundt. Reducer varmen med det samme, og kog hirsen tildækket ved laveste varme i 7 minutter, mens du rører grundigt flere gange. Tag gryden af varmen og dæk kornene i yderligere 12 minutter. Lad køle af.
2. Læg æg, sukker og et nip salt i en skål og pisk med et piskeris. Rør den afkølede hirse i.
3. Kom vaniljeyoghurten og ferskenmassen i en skål og rør rundt, indtil det er glat.
4. Vask nektarinerne, gnid tør, halver og sten. Skær frugtkødet i tynde skiver.
5. Varm olien op i en belagt pande. Hæld hirsedejen i og bag i cirka 4 minutter ved middel varme. Vend omeletten og bag den anden side i 4-5 minutter, indtil den er gyldenbrun.
6. Anret hirseomeletten med ferskenyoghurt og nektarinbåde og server.

7. Omeletter med pasta og blandede grøntsager

- Tilberedning: 30 min
- madlavning på 1 time
- portioner 4 **ingredienser**

- 150 g frosne ærter
- 1 rød paprikaschote
- 150 g majs (drænet vægt; dåsemad)
- 350 g fuldkorns penne

- salt
- 1 skalotteløg
- 1 fed hvidløg
- olivenolie
- 20 g parmesan (1 stk.)
- 5 g persille (0,25 bundt)
- 100 ml mælk (3,5 % fedt)
- 50 ml flødeskum

Forberedelsestrin

1. Tø ærterne op. Vask peberfrugten, halver den, fjern kernerne og de hvide indervægge og skær dem i smalle, små strimler. Hæld majsen i en sigte, skyl under koldt vand og dryp godt af.
2. Kog pastaen i kogende saltet vand efter anvisningen på pakken, dræn den af, skyl med koldt vand og afdryp godt.
3. Skræl og hak skalotteløg og hvidløg fint. Opvarm 2 spsk olie i en høj, ovnfast pande og svits skalotteløg og hvidløg heri ved middel varme, indtil de er gennemsigtige. Tilsæt grøntsagerne, sauter kort og bland pastaen i. Riv parmesanen fint. Vask persillen, ryst tør og hak den groft. Pisk æggene med mælk, fløde og ost, smag til med salt og peber,

bland persillen i og hæld pastablandingen over.

Lad det stivne kort og bag i en forvarmet ovn ved 200 ° C i 10-15 minutter til slutningen. Fjern, vend ud og server skåret i stykker.

8. Spinat og osteomelet med laks

- Tilberedning: 20 min
- kogning på 45 min
- portioner 2 **ingredienser**

- 1 lille løg
- 200 g laksefilet
- 200 g mozzarella
- 200 g spinat
- 5 æg
- 2 spsk mælk
- 1 tsk smør
- salt

- peber

Forberedelsestrin

1. Pil løg og skær dem i fine stykker. Vask laksen, dup den tør og hak den eller skær den i tern. Skær mozzarellaen i skiver. Vask spinaten og ryst den tør.
2. Pisk æg og mælk i en skål. Varm smørret op i en ovnfast pande og svits løget ved middel varme i 2 minutter. Hæld æggene i, krydr med salt og peber og top med spinat, laks og mozzarella.
3. Bag det hele i en forvarmet ovn ved 180°C i cirka 20-25 minutter, indtil ægget er gennemstegt og blandingen er fast.

9. Fyldt omelet

- Tilberedning: 20 min
- madlavning på 35 min
- portioner 4 **ingredienser**

- 40 g rucola (1 håndfuld)
- 300 g cherrytomater
- 10 g purløg (0,5 bundt)
- 8 æg
- 4 spsk kulsyreholdigt mineralvand
- salt
- peber
- muskatnød
- 4 tsk solsikkeolie

- 150 g kornet flødeost

Forberedelsestrin

1. Vask raketten og centrifuger tør. Vask tomater og skær i halve. Vask purløg, ryst tør og skær i ruller.
2. Pisk æg med vand og purløg og smag til med salt, peber og friskrevet muskatnød.
3. Varm 1 tsk solsikkeolie op i en slip-let pande og tilsæt 1/4 af æggemælken. Steg i 2 minutter ved middel varme, vend og kog færdig på yderligere 2 minutter. Fjern og hold varmt i den forvarmede ovn ved 80 ° C. Bag 3 omeletter mere på denne måde.
4. Læg omeletter på 4 tallerkener og fyld med flødeost, tomater og rucola. Smag til med salt og peber og pisk i.

10. Omeletter med zucchini

- Tilberedning: 25 min
- portioner 4 **ingredienser**

- 10 æg
- 50 ml havredrik (havremælk)
- 2 spsk friskskåret basilikum
- salt
- peber
- 2 zucchinier
- 250 g cherrytomater
- 2 spsk olivenolie

Forberedelsestrin

1. Pisk æggene med havredrik og basilikum. Smag til med salt og peber.
2. Vask, rens og skær zucchinien i stykker. Vask og halver tomaterne. Bland grøntsagerne løst, krydr med salt, peber og sauter 1/4 minut hver i lidt varm olie. Hæld 1/4 af æggene over hver, bland i og steg i 4-5 minutter, indtil de er gyldenbrune og lad stivne. Bag alle 4 omeletter på denne måde og server.

11. Omelet med laks og agurk

- Tilberedning: 10 min
- madlavning på 22 min
- portioner 4 **ingredienser**

- 120 g røget lakseskiver
- ½ agurk
- 3 stilke persille
- 10 æg
- 50 ml flødeskum
- salt
- peber
- 4 tsk rapsolie

Forberedelsestrin

1. Skær laks i strimler. Vask, rens og skær agurken i skiver. Vask persillen, ryst tør og hak den fint.
2. Pisk æg med fløde og 2 spsk persille. Smag til med salt og peber.
3. Hæld 1 tsk olie i en varm, belagt pande. Hæld 1/4 af ægget og lad det stivne langsomt i 2-3 minutter ved middel varme. Fold op og læg på en tallerken med et par agurkeskiver.
4. Bag alle fire omeletter på denne måde, dæk med laksen og server drysset med den resterende persille.

12. Svampeomelet med tomater

- Tilberedning: 20 min
- portioner 4 **ingredienser**

- 1 forårsløg
- 100 g svampe
- 1 lille tomat
- 1 spsk rapsolie
- salt
- peber
- 1 æg (størrelse l)
- 1 spsk kulsyreholdigt mineralvand
- 45 g fuldkornstoast (1,5 skive)

Tilberedningstrin

1. Vask og rens forårsløgene og skær dem i fine ringe. Rens svampene, rens med en pensel og skær i skiver.
2. Vask tomaten, fjern stilken og skær den i skiver.
3. Varm olien op i en belagt pande. Steg forårsløg og svampe heri ved middel varme. Salt og peber og steg videre i 3-4 minutter, vend ofte ved middel varme.
4. Kom ægget med en knivspids salt og mineralvand i en lille skål og pisk med et piskeris.
5. Hæld det sammenpiskede æg over grøntsagerne i gryden og sæt det i 3-4 minutter.
6. I mellemtiden ristes brød og tops med tomatskiver. Skub omeletten fra panden over på brødet og server.

13. Skinke og rucola frittata

- Tilberedning: 20 min
- madlavning på 35 min
- portioner 4 **ingredienser**

- 90 g rå skinke (6 skiver)
- 80 g rucola (1 bundt)
- 20 g parmesan (1 stk.)
- 10 æg
- 200 ml mælk (1,5 % fedt)
- salt
- peber
- 50 g creme fraiche

5 g smør (1 tsk)

Forberedelsestrin

1. Del skinkeskiverne i kvarte. Vask raketten og centrifuger tør. Riv parmesanen og stil 1 tsk til side.
2. Pisk æg med mælk og smag til med salt og peber. Rør cremefraiche og parmesan i.
3. Varm smørret op i en stor ovnfast pande. Tilsæt 1/3 af æggeblandingen og dæk med halvdelen af skinken og rucola. Kom yderligere 1/3 af æggeblandingen ovenpå, dæk med den resterende skinke og rucola og afslut med den resterende æggeblanding.
4. Lad frittataen stå i en forvarmet ovn ved 200 ° C i cirka 12-15 minutter.
5. Skær frittataen i stykker, fordel over 4 tallerkener og drys med resten af parmesanen, som du sætter til side.

14. Zucchini gedeost quiche

- Tilberedning: 30 min
- madlavning på 50 min
- portioner 4 **ingredienser**

- 2 zucchinier
- 8 æg
- 150 ml flødeskum med mindst 30 % fedtindhold
- salt
- peber fra møllen
  muskatnød

- 2 spsk olivenolie
- 1 fed hvidløg
- 150 g gedeostrulle

Forberedelsestrin

1. Forvarm ovnen til 200°C over- og undervarme. Vask og rens zucchinien og skær den i tynde skiver. Pisk æggene med fløden og smag til med salt, peber og muskatnød.
2. Varm olien op på en pande og steg courgetteskiverne, vend indimellem. Pil og pres hvidløget. Hæld æggecremen i, fordel den jævnt og lad den stivne kort.
3. Halver gedeosten på langs og skær den i tynde skiver. Fordel dette på frittataen og bag i den forvarmede ovn i cirka 10 minutter, indtil den er gyldenbrun. Server skåret i stykker.

15. Peberfrugt og kartoffeltortilla

- Tilberedning: 30 min
- kogning på 45 min
- portioner 4 **ingredienser**

- 700 g melede kartofler
- salt
- 1 rød peberfrugt
- 2 tomater
- 1 løg
- 1 fed hvidløg
- 2 spsk olivenolie

peber

- 8 æg
- 4 spsk mælk (1,5 % fedt)
- 2 grene timian
- 20 g parmesan (1 stk.)

Forberedelsestrin

1. Vask kartoflerne og kog dem i saltet vand i cirka 20 minutter.
2. I mellemtiden vaskes og renses peberfrugten og skæres i strimler. Vask tomaterne og skær dem i tern. Pil løg og hvidløg og hak fint.
3. Dræn kartoflerne, lad dem dampe af, skræl dem og skær dem i mundrette stykker.
4. Varm olivenolien op i en ovnfast pande. Steg kartoffelternerne heri ved middel varme i cirka 5 minutter, mens du rører dem af og til. Tilsæt paprika, løg og hvidløg, krydr med salt og peber og steg i yderligere 2 minutter. Rør forsigtigt tomatbåde i.
5. Pisk æg og mælk, smag til med salt, peber og hæld i gryden. Fordel æggemælken jævnt ved at dreje og vippe gryden lidt og lad den stivne i 2 minutter. Bage

i en forvarmet ovn ved 180 ° C i cirka 15 minutter.

6. I mellemtiden vaskes timian, rystes tørt og bladene plukkes. Skær parmesanen i skiver. Drys begge dele over tortillaen.

16. Omelet Caprese

- Samlet tid: 5 min
- Portioner 2

ingredienser

- 2 spsk olivenolie
- Seks æg
- 100 g cherrytomater, skåret i halve eller tomater skåret i skiver
- 1 spsk frisk basilikum eller tørret basilikum
- 150 g (325 ml) frisk mozzarellaost
- salt og peber

Forberedelser

1. For at blande, knæk æggene i en skål og tilsæt salt efter smag og sort peber. Pisk godt med en gaffel, indtil det hele er helt blandet.
2. Tilsæt basilikum og rør rundt. Skær tomaterne i halve eller skiver. Hak osten eller skær den i skiver. Varm olien op i en stor stegepande.
3. Steg tomaterne i et par minutter. Hæld tomaterne med æggeblandingen over. Vent og tilsæt osten til den bliver lidt fast. Sænk varmen og lad det hærde omeletten. Server straks, og nyd!

17. Omelet af Keto-ost

- Samlet tid: 15 minutter,
- Portioner 2

ingredienser

- 75 g smør
- Seks æg
- 200 g revet cheddarost
- Salt og sort peber malet efter smag

Forberedelser

1. Pisk æggene bløde og let skummende. Tilsæt halvdelen af den revne cheddarost og bland. Salt og peber efter smag.

2. Smelt smørret i en varm pande. Hæld æggeblandingen og lad stå i et par minutter. Sænk varmen og fortsæt med at koge indtil æggeblandingen er næsten færdig.
3. Tilsæt den resterende revne ost. Fold og server straks. Smag din kreation til med krydderurter, hakkede grøntsager eller endda mexicansk sauce.
4. Og tøv ikke med at tilberede tortillaen med olivenolie eller kokosolie for at få en anden smagsprofil.

18. Morgenmad omelet

- Samlet tid: 10,
- Portioner: 2 **ingredienser:**

- 2 æg
- 3 æggehvider
- 1 spsk vand
- 1/2 tsk olivenolie
- 1/4 tsk salt
- ¼ tsk kværnet peber **Tilberedning:**

1. Pisk æg, æggehvider, salt, peber og vand i en skål til det er skummende.

2. Varm halvdelen af olien op i en gryde ved middel varme. Hæld halvdelen af æggeblandingen.
3. Kog i et par minutter, mens du løfter kanterne med en spatel en gang imellem. Fold til en halv.
4. Skru ned for varmen og fortsæt med at koge i et minut. Gentag processen for resten af æggeblandingen.

19. Osteomelet med krydderurter

- samlet tid 20 minutter,
- portioner 4 **ingredienser**

- 3 stilke kørvel
- 3 stilke basilikum
- 20 g parmesan
- 1 skalotteløg
- 8 æg
- 2 spsk creme fraiche ost
- 1 spsk smør
- 150 g fåreost
- salt

- peber

Forberedelsestrin

1. Vask kørvel og basilikum, ryst tør og hak groft. Riv parmesanen. Skræl og skær skalotteløget fint.
2. Pisk æggene med creme fraiche, parmesan, kørvel og halvdelen af basilikum. Smelt smørret i en ovnfast gryde, steg skalotteløg heri, hæld æggene i og smuldr fetaen over.
3. Bages i en forvarmet ovn ved 200 ° C i cirka 10 minutter, indtil de er gyldenbrune. Tag ud af ovnen, krydr med salt, peber og server drysset med den resterende basilikum.

20. Osteomelet

- Samlet tid 30 minutter,
- servering 4 **ingredienser**

- 10 æg
- 50 ml flødeskum
- 100 g revet emmentaler
- salt
- hvid peber
- 250 g gorgonzola
- 4 spsk vegetabilsk olie **Forberedelsestrin**

1. Pisk æggene med fløden og emmentaleren. Smag til med lidt salt og peber.

2. Skær gorgonzolaen i tern og stil til side. Varm 1 spsk olie op i en gryde og tilsæt ca. 1/4 af æggeblandingen.
3. Lad den stivne ved lav temperatur i 2 minutter, læg derefter 1/4 af Gorgonzolaen i midten og fold omeletten til højre og venstre.
4. Steg i yderligere 2 minutter, indtil den Gorgonzola er flydende og omeletten er gyldenbrun. Bag alle 4 omeletter som denne og server.

21. Frittata med skinke og feta

- Tilberedning: 20 min

- madlavning på 34 min
- portioner 4 **ingredienser**

- 8 æg
- 600 g
- kogte kartofler
- 1 stang porre
- 100 g kogt skinke
- 1 rød peberfrugt
- 75 g revet pecorino
- salt

peber fra møllen

2 spsk olivenolie

Forberedelsestrin

1. Forvarm ovnen til 180°C varmluftsovn.
2. Pisk æggene. Skræl kartoflerne og skær dem i små tern. Vask og rens porren og skær den i fine ringe. Skær skinken i fine strimler. Vask, halvér, udkern og skær peberfrugten i tern. Bland æggene med pecorino, kartofler, porre, peberfrugt og skinke. Smag til med salt og peber. Varm olien op i en ovnfast pande, tilsæt æggeblandingen, steg i 1-2 minutter og bag i ovnen i ca. 12 minutter, indtil den er gyldenbrun.

22. Tortilla med spinat

- Tilberedning: 25 min
- kogning på 40 min
- portioner 4 **ingredienser**

- 350 g spinatblade
- salt
- 1 rød peberfrugt
- 1 grøntsagsløg
- 2 fed hvidløg
- 50 g mandelkerner
- 5 æg
- 100 ml mineralvand peber muskatnød
- 15 g ghee (klaret smør; 1 spsk)

Forberedelsestrin

1. Vask spinat, centrifuger tør, blancher i kogende saltet vand i 1 minut. Hæld af, sluk med kold, tryk godt ud.
2. Vask, rens og skær peberfrugten i tern.
3. Pil løg og hvidløg og hak fint. Hak mandlerne groft.
4. Pisk æg med mineralvand, smag til med salt, peber og friskrevet muskatnød.
5. Smelt ghee i en høj, ovnfast gryde. Svits løg og hvidløg heri ved middel varme i 1-2 minutter, indtil de er gennemsigtige. Tilsæt paprika og spinat og hæld æggeblandingen over dem. Tilsæt mandlerne og lad dem trække i 2 minutter.
6. Bag tortillaen i en forvarmet ovn ved 200 ° C i 10-15 minutter, indtil den er gyldenbrun.
7. Fjern og server skåret i stykker.

23. Omelet med løg og oliven

- Tilberedning: 20 min
- portioner 4 **ingredienser**

- 5 store æg
- 5 spsk mælk
- salt
- friskkværnet peber
- 2 spsk revet parmesan
- 2 spsk hakket basilikum
- 4 spsk udstenede oliven finthakkede
1 rødløg

2 spsk olivenolie

Forberedelsestrin

1. Bland æg med mælk, salt, peber, parmesan og basilikum. Pil løget og skær det i fine strimler.
2. Varm forsigtigt olivenolien op i en stor pande. Steg forsigtigt løg og oliven heri. Salt og peber. Hæld æggene i og fordel dem jævnt i gryden. Lad det stivne ved mild varme. Vend omeletten og lad den anden side også stivne. Server sammenrullet og lunken.

24. Spansk kartoffeltortilla

- Tilberedning: 45 min
- portioner 6 **ingredienser**

- 800 g hovedsageligt voksagtige kartofler
- 2 forårsløg
- 1 fed hvidløg
- 3 spsk ærter (frosne)
- 8 æg
- salt
- cayennepeber
- vegetabilsk olie til stegning

Forberedelsestrin

1. Skræl kartoflerne og skær dem i 3 mm tykke skiver. Rens og vask forårsløgene og skær dem i skrå ringe med det sarte grønne. Pil hvidløget og skær det i fine strimler.
2. I en ovnfast pande med høj kant varmes olien op til en højde på 2-3 cm. Det er varmt nok, når der stiger bobler fra et træskehåndtag, som du holder i det.
3. Gnid kartoflerne med et køkkenrulle og læg dem i den varme olie. Steg ved middel varme i 7-8 minutter, vend af og til.
4. I mellemtiden piskes æggene let i en stor skål, men pisk dem ikke, indtil de er skummende, og smag til med en stærk knivspids salt og cayennepeber hver.
5. Tilsæt forårsløg og evt. hvidløg til kartoflerne og steg i 2 minutter. Dræn kartoflerne gennem en sigte, saml olien (den kan genbruges), dryp godt af og smag til med salt.
6. Varm 2 spsk af den opsamlede olie i gryden. Bland kartofler og ærter med de sammenpiskede æg, hæld blandingen i det varme

olie, og steg det ved høj varme i 2 minutter. Fjern fra varmen, dæk med aluminiumsfolie og steg i den forvarmede ovn ved 200 ° C i ca. 25-30 minutter, indtil hele ægget er koncentreret.
7. Serveres varm.

25. Omelet fyldt med feta

- Tilberedning: 40 min
- portioner 2 **ingredienser**

- 1 skalotteløg
- 4 æg
- salt
- peber fra kværnen
- 4 spsk creme fraiche ost
- 2 tsk sennep
- 2 tsk citronsaft
- 2 spsk finthakket basilikum
- 2 spsk smør

- 100 g
- feta
- basilikum

Forberedelsestrin

1. Skræl og hak skalotteløg fint. Adskil æg. Pisk æggehviderne med et nip salt til de er stive. Pisk æggeblommerne med 2 spsk creme fraiche, sennep, citronsaft og finthakket basilikum. Smag til med salt og peber, vend æggehviderne løst i.
2. Smelt halvdelen af smørret i en slip-let gryde. Tilsæt halvdelen af skalotteløget og sauter. Tilsæt halvdelen af omeletblandingen og kog i 6-8 minutter, indtil undersiden er gyldenbrun og overfladen tykner, mens gryden dækkes. Træk derefter gryden af komfuret.
3. Smør 1 spsk creme fraiche på æggekagen og dæk med halvdelen af den smuldrede feta, smag til med salt og peber og fold æggekagen sammen ved hjælp af en spatel.
4. Bag den anden omelet på samme måde (evt. i en anden gryde).

5. Læg omeletter på tallerkener og server pyntet med basilikum.

26. Couscoussalat med jordbær

- Tilberedning: 35 min
- portioner 4 **ingredienser**

- 250 g fuldkorns couscous (instant)
- 40 g rosiner
- salt
- 150 g silketofu
- 1 spsk sojadrik (sojamælk)
- 1 tsk gærflager
- 1 spsk kikærtemel
- 1 tsk tahini
- 1 knivspids gurkemeje
- 4 spsk olivenolie

- 150 g jordbær
- 40 g rucola (1 håndfuld)
- 1 stilk mynte
- 2 spsk limesaft
- 1 tsk honning
- peber
- 1 spsk mandler i flager

Forberedelsestrin

1. Bland couscousen med rosinerne og kog i saltet vand efter anvisningen på pakken.
2. Til omeletstrimlerne blandes i mellemtiden silketofuen i en skål med sojadrik, gærflager, kikærtemel, tahinpasta, gurkemeje og en knivspids salt. Varm 1 spsk olie i en pande, tilsæt blandingen og steg ved middel varme i ca. 1-2 minutter, indtil den er gyldenbrun. Vend og steg i yderligere 1-2 minutter, indtil de er gyldenbrune. Tag den af panden, lad den køle lidt af og skær den i fine strimler.
3. Vask, rens og skær jordbærrene i skiver. Vask og rens rucola, centrifuger tør og pluk i mundrette stykker. Vask mynten, ryst tør og pluk bladene af.

4. Til dressingen blandes limesaft med honning og resterende olie og smages til med salt og peber. Pluk couscousen med en gaffel og bland med dressingen.
5. Fordel couscousen på et fad, top med jordbær og rucola samt omelet og mynte. Drys med mandler.

27. Tang-omelet

- Forberedelse: 15 minutter
- kogning på 20 min
- portioner 4 **ingredienser**

- 12 æg
- 50 ml mælk (3,5 % fedt)
- salt
- peber fra møllen
- 1 spsk smør
- 2 ark nori tang **Forberedelsestrin**

1. Pisk æg med mælk og smag til med salt og peber. Steg i alt 4 meget tynde omeletter efter hinanden. For at gøre dette skal du varme lidt smør i en belagt pande. Tilsæt en fjerdedel af æg-mælk-blandingen og steg i 2-3 minutter ved middel varme. Brug også resten af æg-mælk-blandingen op.
2. Fordel husholdningsfilm på arbejdsfladen og læg omeletterne ovenpå, lidt overlappende, i et rektangel. Skær tangbladene til med en saks og dæk omeletterne med dem. Dæk med husholdningsfilm, tryk let og lad stå i 5 minutter.
3. Fjern låget og pak algeomeletterne tæt ind i en rulle ved hjælp af folien. Skær det resterende algeafklip i tynde strimler. Skær algeomeletrullen i skiver, fordel på tallerkener og pynt med algestrimler.

28. Omelet med spinat og asparges

- Tilberedning: 45 min
- portioner 4 **ingredienser**

- 250 g grønne asparges
- ½ økologisk citron
- 2 spsk olivenolie
- 100 ml grøntsagsbouillon
- salt
- peber
- 125 g friske spinatblade
- 8 æg
- 150 ml mælk (1,5 % fedt)

- 20 g parmesan (1 stk; 30% fedt i tørstof)
- 200 g fuldkornsbrød (4 skiver)

Forberedelsestrin

1. Skræl aspargesene i den nederste tredjedel og skær de træagtige ender af. Skyl citronhalvdelen med varmt vand, gnid tør, gnid skrællen, og pres saften.
2. Varm olie op i en pande. Sauter aspargesene ved middel varme i 2-3 minutter. Afglat med citronsaft og bouillon, smag til med salt og peber og kog tildækket ved svag varme i 5 minutter, indtil de er al dente. Tag derefter låget af gryden og lad væsken fordampe.
3. I mellemtiden renses og vaskes spinaten og rystes tør. Pisk æggene med mælken.

    Smag til med salt, peber og citronskal.
4. Pensl en belagt pande med 1/2 tsk olie. Tilsæt 1/4 af æggeblandingen og rør rundt for at fordele den jævnt. Top med 1/4 af asparges og spinat. Kog omeletten ved middel varme i 5-6 minutter og lad den brune let. Hold varmt i den forvarmede ovn ved 80°C.
5. Bag 3 omeletter mere af resten af æggeblandingen på samme måde og hold dem varme. Riv parmesanen fint. Fold

omeletterne sammen, drys med ost og server sammen med brødet.

29. Baconomelet

- Tilberedning: 30 min
- kogning på 45 min
- portioner 4 **ingredienser**

- 150 g morgenmadsbacon
- 8 æg
- 8 spsk mælk
- smør til stegning
- 1 spsk friskhakket persille 1 spsk purløg ruller peber fra møllen

Forberedelsestrin

1. Skær baconen i brede strimler, lad den stå i en varm pande, steg til den er sprød, tag den ud og afdryp den på køkkenrulle.
2. Åbn 2 æg hver i en skål og bland godt med 2 spsk mælk med et piskeris. Pensl en varm pande med lidt smør og hæld æggeblandingen i. Rør ved svag varme med en spatel, indtil ægget begynder at tykne. Er den fugtig og skinnende på overfladen, dæk med lidt bacon, drys med persille og purløg, peber, fold sammen og server.

30. Zucchini og peber tortilla

- Tilberedning: 30 min
- madlavning på 50 min
- portioner 4 **ingredienser**

- 1 zucchini
- salt
- 2 røde peberfrugter
- 2 forårsløg
- 1 håndfuld basilikum

1 fed hvidløg
2 spsk olivenolie

peber fra møllen

- 6 æg
- 4 spsk flødeskum
- 50 g friskrevet ost

Forberedelsestrin

1. Forvarm ovnen til 200°C overvarme
2. Vask og rens zucchinien, skær den på langs og på tværs i stave. Salt og lad vandet trække i cirka 10 minutter. Dup derefter tør. Vask peberfrugterne, skær dem i halve, rens dem og skær dem i tern. Vask og rens forårsløgene og skær dem diagonalt i ringe. Vask basilikum, ryst tør og hak bladene groft. Pil hvidløget og skær det i fine strimler. Sauter med paprika og forårsløg i varm olie i en stor pande i 1-2 minutter. Tilsæt zucchinistængerne og sauter i 1-2 minutter. Smag til med salt og peber. Drys med basilikum. Pisk æg med fløde og hæld over grøntsagerne. Lad det bage kort og drys med osten. Bag i ovnen i 10-15 minutter, indtil de er gyldenbrune, og lad dem stivne.

☐
☐

31. Italiensk omelet med ærter

- Tilberedning: 30 min
- madlavning på 55 min
- portioner 4 **ingredienser**

- 1 skalotteløg
- 1 hvidløg
- 40 g rucola (0,5 bundt)
- 500 g frosne ærter
- 7 æg
- 150 ml flødeskum salt peber
  1 spsk olivenolie

Forberedelsestrin

1. Skræl og hak skalotteløg og hvidløg fint. Vask raketten, sorter den og ryst den tør. Lad ærterne tø op.
2. Pisk æggene i en skål og pisk dem groft med fløden, krydr med salt og peber. Varm olien op i en ovnfast pande og steg skalotteløg og hvidløg ved middel varme, til de er gennemsigtige. Bland ærterne i og sauter kort. Tilsæt æggene og lad dem stivne kort. Sæt gryden i den forvarmede ovn ved 200 ° Bages i 15-20 minutter, indtil den er gylden. Fjern og server, skåret i stykker og pyntet med rucola.

☐
☐

32. Kartoffelomelet i spansk stil

- Tilberedning: 40 min
- portioner 4 **ingredienser**

- 600 g kartofler 1 rød peberfrugt
- 1 gul peber
- 1 grøn peber
- 1 finthakket chilipeber
- 200 g spinat
- 8 æg
  1 løg
  2 hvidløgsfed
  olivenolie
- salt

- peber fra møllen

Forberedelsestrin

1. Skræl og skær kartoflerne i tern. Steg langsomt i en stor pande med rigeligt olivenolie i ca. 15 minutter, vend af og til. Du skal ikke tage maling.
2. Imens vaskes, halveres, renses og peberfrugterne skæres i tern.
3. Pil løg og hvidløg og hak fint.
4. Vask, rens og blancher kort spinaten i kogende saltet vand. Sluk, pres og hak.
5. Tag kartoflerne op af gryden og fjern eventuelt overskydende olie. Bare sved løg, hvidløg, chili, spinat og paprika i lidt olie, fjern. Pisk æggene, bland med de stegte grøntsager, smag til med salt, peber og kom på panden. Lad det stivne langsomt i cirka 5-6 minutter. Vend derefter tortillaen ved hjælp af en tallerken og steg den anden side gyldenbrun. Serveres kold eller varm, skåret i stykker.

☐
☐

33. Osteomelet

- Forberedelse: 15 minutter
- madlavning på 22 min
- servering 1 **ingredienser**

- 3 æg
- 2 spsk flødeskum
- salt peber fra møllen
- 1 forårsløg
- 1 rød spids peber
- 1 spsk smør
- 2 spsk revet ost zb cheddar

Forberedelsestrin

1. Forvarm ovnen til 220°C overvarme. Bland æggene med fløden og smag til med salt og peber. Vask og rens forårsløgene og skær dem i fine ringe. Vask peberfrugterne, skær dem i halve, rens dem og skær dem i tern.
2. Kom smørret i en varm pande og hæld ægget i. Drys med forårsløg og peberfrugt og lad trække i 1-2 minutter og bag til de er gyldenbrune. Rul sammen og drys med ost. Bages i ovnen i cirka 5 minutter, indtil de er gyldenbrune.

34. Tomatomelet med fåreost

- Tilberedning: 20 min

- portioner 4 **ingredienser**

- 8 æg
- 100 ml flødeskum
- 3 tomater
- 1 spsk smør
- 200 g feta i tern
- salt
- peber fra møllen
- frisk revet muskatnød
- 2 spsk hakket basilikum til pynt

Forberedelsestrin

1. Pisk æggene med fløden og smag til med salt, peber og muskatnød. det
2. Vask og kvarte tomaterne, fjern kernerne og skær dem i små tern. Svits let i det varme smør, tilsæt feta-terningerne og hæld æggene på. Rør indtil omeletten begynder at stagnere. Dæk derefter til og lad stå ved svag varme i cirka 2 minutter. Skær omeletten i kvarte og anret på tallerkener. Server drysset med basilikum.

35. Omelet med feta og grøntsager

- Tilberedning: 30 min
- madlavning på 55 min
- portioner 4 **ingredienser**

- 200 g majsdåse
- 1 auberge
- 2 zucchinier
- 300 g cherrytomater
- 1 fed hvidløg
- 4 spsk olivenolie
- salt
- peber fra møllen
- 1 tsk tørret oregano
- 7 æg

- 100 ml mælk
- 200 g feta
- basilikum til pynt

Forberedelsestrin
1. Vask og rens grøntsagerne. Dræn majsen over en sigte. Vask og rens auberge og zucchini og skær i stave. Vask og halver også tomaterne. Pil hvidløget og hak det i fine skiver. Varm 2 spsk på en pande, steg hvidløg, auberges, zucchini og majs, steg videre i ca. 4 minutter under omrøring. Tilsæt derefter tomaterne. Krydr grøntsagsblandingen med salt, peber, oregano og eddike og tag den af komfuret.
2. Pisk æggene med mælk, salt og peber. Varm resten af olien op i en gryde. Hæld 1/4 af æggeblandingen i og lad det flyde jævnt ved at dreje og vippe gryden lidt. Steg til de er gyldne på begge sider. Læg en omelet på hver tallerken, dæk halvdelen med grøntsagsblandingen, fold i og drys med fetaflager. Server pyntet med basilikum.

36. Frittata med zucchini

- Tilberedning: 10 min
- madlavning på 28 min
- portioner 4 **ingredienser**

- 2 zucchinier
- 1 fed hvidløg
- 1 spsk friskhakket timian
- 2 spsk olivenolie
- salt
- peber fra møllen
- 5 æg
- 50 ml flødeskum
- 50 g revet parmesan **Forberedelsestrin**

1. Vask, rens og skær zucchinien i skiver. Pil hvidløget og hak det i fine skiver. Bland zucchini med timianblade og hvidløg og steg i varm olie på en pande i 2-3 minutter, krydr med salt og peber. Hæld den resulterende væske fra.
2. Pisk æggene med fløden, smag til med salt og peber, hæld squashen over og læg låg på og lad det stå i 8-10 minutter ved svag varme. Vend derefter frittataen ved hjælp af en stor tallerken, drys med parmesan og læg låg på og bag i 3-5 minutter.
3. Skær i små firkanter til servering.

37. Omeletter med porre og bacon

- Tilberedning: 50 min
- portioner 4 **ingredienser**

- 150 g mel
- 2 æg
- 250 ml mælk
- 2 tsk olie
- olie til stegning
- Til fyldet
- 75 g gouda fintrevet
- 500 g porre den hvide og lysegrønne, vasket og renset
- 75 g morgenmadsbacon i fine tern
- salt
- peber fra møllen
- 4 spsk creme fraiche ost

Forberedelsestrin

1. Bland melet med æg, mælk, olie og salt til dejen og lad det trække i ca. 30 minutter. Rør derefter 25 g Gouda ost i.
2. Skær porren i tynde ringe. Steg baconen på en pande, tilsæt derefter porren og steg

tildækket i ca. 8-12 minutter. Smag til med salt, peber og creme fraiche,

3. Steg 4 omeletter fra dejen i olie, fyld med porreblandingen, drys med den resterende ost og fold sammen.
4. Bages i ovnen ved 220°C i ca. 5 minutter, server varm.

38. Mango omelet

- Tilberedning: 45 min
- portioner 4 **ingredienser**
- 2 modne mangoer

- 1 økologisk citron
- 2 spsk sukker
- 8 æg
- salt
- 4 spsk mel
- smør

Forberedelsestrin

1. Skræl mangoerne, skær frugtkødet fra stenen på begge sider og skær i fine skiver. Gnid skallen af citronen og pres saften ud.
2. Skil æggene fra hinanden og pisk æggehviderne stive. Bland æggeblommerne med sukker, citronskal, et godt nip salt og mel til det er cremet. Vend æggehviderne i med piskeriset.
3. Varm imens lidt smør op i en lille stegepande. Hæld dejen i gryden med en lille slev (f.eks. sauceske) og dæk mangoskiverne. Læg låg på og steg i cirka 2-3 minutter ved svag varme til de er gyldne, vend en gang og steg i cirka 1 minut, løft derefter ud og hold varmen. Bag 8 små omeletter efter hinanden

39. Peberfrugt og kartoffeltortilla

- Tilberedning: 35 min ☐ koksning på 1 t 35 min
- portioner 4 **ingredienser**

- 700 g overvejende voksagtige kartofler
- salt
- 3 røde peberfrugter
- 1 grøntsagsløg
- 2 fed hvidløg
- 6 æg
- 200 ml flødeskum med mindst 30 % fedtindhold
- 300 ml mælk
- 100 g friskrevet parmesan

- peber fra møllen
- muskatnød
- 2 spsk vegetabilsk olie
- fedt til formen

Forberedelsestrin

1. Vask kartoflerne og kog dem i saltet vand i 20-25 minutter. Dræn, skyl med koldt vand, skræl og lad afkøle. Forvarm ovnen til 180°C over- og undervarme.
2. Vask peberfrugten, halver den, fjern kernehuset, halver vandret og skær i brede strimler. Pil og hak derefter løg og hvidløg fint.
3. Pisk æg med fløde, mælk og ost og smag til med salt, peber og muskatnød. Skær kartoflerne i 0,5 cm tykke skiver og steg dem på en varm pande med olie til de er gyldenbrune. Tilsæt løg og hvidløgstern, steg kort og læg i et smurt ovnfast fad med peberstrimlerne.
4. Hæld æggecremen over, til det hele er dækket godt, og bag i den forvarmede ovn i 30-35 minutter, indtil det er gyldenbrunt. Fjern, tag ud af formen, skær i 4x4 cm tern og server med en træpind.

40. Omeletter med zucchini

- Tilberedning: 25 min
- portioner 4 **ingredienser**

- 10 æg
- 50 ml havredrik (havremælk)
- 2 spsk friskskåret basilikum
- salt
- peber
- 2 zucchinier
- 250 g cherrytomater
- 2 spsk olivenolie

Forberedelsestrin

1. Pisk æggene med havredrik og basilikum. Smag til med salt og peber.
2. Vask, rens og skær zucchinien i stykker. Vask og halver tomaterne. Bland grøntsagerne løst, krydr med salt, peber og sauter 1/4 minut hver i lidt varm olie. Hæld 1/4 af æggene over hver, bland i og steg i 4-5 minutter, indtil de er gyldenbrune og lad stivne. Bag alle 4 omeletter på denne måde og server.

41. Omeletter med grøntsager, croutoner og tofu

- forberedelse 30 minutter
- portioner 2

Ingredienser:

- 250 g silkeblød tofu
- 6 tomater
- 4 skiver hvedebrød
- 2 røde søde peberfrugter
- 2 spsk klaret smør
- 1 spsk fintrevet parmesanost

- en flok grøn purløg
- salt
- kværnet sort peber
- grøn persille **forberedelse:**

1. Vask alle grøntsager og grøntsager og dræn dem fra vandet. Skær tomaterne i små stykker. Fjern frøene fra peberfrugten og skær den i små tern. Skær purløg og grøn persille fint. Knæk æggene i en kop, bland dem med en knivspids salt, peber og revet parmesanost, og hæld dem i en varm stegepande uden fedtstof. Steg det hele på begge sider, indtil æggene er helt sat. Tag derefter af panden og læg på en tallerken.
2. Skær tofuen i tern og brun dem let i 1 spsk klaret smør i en gryde. Efter bruning tages den af panden og lægges på omeletten på en tallerken. Tilsæt derefter hakkede grøntsager til det og drys det hele med hakket purløg og grøn persille. Brun derefter skiverne af hvedebrød i det resterende klarede smør i gryden, fjern dem og kom dem i retten.

42. Snack med skinke og omelet

- forberedelse op til 30 minutter
- portioner 2

Ingredienser:

- 200 g skinke i skiver
- 4 æg
- 2 spsk mælk
- 1 spsk hvedemel
- salt
- kværnet sort peber
- hoved af shaggy salat **forberedelse:**

1. Del salaten i blade, vask dem grundigt, dræn dem fra vandet og læg dem på en bakke. Knæk æggene i en kop, tilsæt mel, et nip salt og peber, tilsæt mælken og pisk det hele med en gaffel.
2. Hæld det så i en varm stegepande uden fedtstof og steg på begge sider til æggene er helt faste, tag det så af varmen. Læg den stegte omelet i skiver af skinke, pak den ind i ruller, læg den på salatbladene og fastgør den med små tandstikker.

43. Grøntsagsomelet

- forberedelse: 30-60 minutter
- portioner 2 **ingredienser:**

- 6 æg
- 1 rød sød peber
- 1 grøn sød peber
- 1 rødløg
- 1 broccoli
- 1 spsk hvedemel
- 0,5 kop mælk 2%
- salt

Forberedelse af malet sort peber :

1. Vask alle grøntsager og dræn dem fra vandet. Fjern kernerne fra de røde og grønne peberfrugter og skær dem i små stykker. Pil rødløget og skær det i tynde skiver.
2. Del broccolien i buketter, kom dem i en gryde, hæld letsaltet vand på, så de ikke stikker ud og kog dem bløde. Efter kogning af broccoli, drænes den.
3. Pisk derefter æggene i en kop, hæld mælken i dem, tilsæt mel, en knivspids salt og peber og pisk dem grundigt med et piskeris, og hæld dem derefter i et varmebestandigt fad.
4. Tilsæt alle de tidligere hakkede grøntsager og kogt broccoli. Sæt det hele i en forvarmet ovn til 175°C og bag til grøntsagerne er møre.
5. Efter bagning tages det ud af ovnen og afkøles lidt.

44. Omeletter med frugt

- forberedelse: op til 30 minutter
- portioner 2 **ingredienser:**

- 6 æg
- 1 tsk hvedemel
- 0,5 kop mælk 2%
- salt
- en flok purløg

FRUGT:

6 bananer
- 1 kop blåbær **forberedelse:**

1. Vask bananer og bær og dræn dem fra vandet. Fjern enderne af bananerne, skræl dem, skær kødet i tynde skiver og læg dem på en tallerken.

Forbered en omelet:

2. bræk æggene i en kop, hæld mælken i dem, tilsæt mel, en knivspids salt og finthakket purløg. Bland det hele godt med en gaffel, og hæld det derefter i en varm stegepande uden fedtstof og steg ved middel varme til æggene er helt stivnede. Tag derefter af varmen og tilsæt bananerne på tallerkenen. Drys det hele med blåbær.

45. Aubergineomelet

- forberedelse op til 30 minutter
- portioner 2 **ingredienser:**

- 4 æg
- 4 spiseskefulde olie
- 2 auberginer
- 2 tomater
- 2 fed hvidløg
- 2 limefrugter
- 1 løg
- salt

Forberedelse af malet sort peber :

1. Vask grøntsagerne og hæld vandet fra. Aubergine skåret i skiver 1 cm tykke. Skær tomaterne i små stykker. Pil løgene med hvidløg fra skindet og hak dem fint. Slå æggene ud i en skål og pisk dem med en gaffel med en knivspids salt og kværnet sort peber. Kom de snittede aubergine i en varm stegepande med 1 spsk olie og steg dem ved middel varme, indtil de er gyldenbrune. Tag dem så fra ilden og fjern skindet på dem. Tilsæt hakkede tomater, løg og hvidløg til de sammenpiskede æg og bland godt. Opvarm derefter den resterende olie i en gryde og tilsæt de friterede stegte auberginer til den. Hæld det hele over de blandede æg og grøntsager. Steg det hele på begge sider, indtil det er gyldenbrunt, og efter stegning tages det af varmen og lægges på en tallerken.

46. Omelet med østers

- forberedelse 30-60 minutter
- portioner 4

Ingredienser:

- 300 g frosne østers
- 200 ml varm chilisauce
- 3 spiseskefulde olie
- 2 fed hvidløg
- 2 bananblade
- 5 æg
- 0,5 kop mælk 2%
- grøn persille

salt

- **Forberedelse** af malet sort peber :

1. Vask den grønne persille og bananblade og dræn vandet fra. Læg bananbladene på en tallerken. Tø østersen op, skær skallerne af og fjern de uspiselige dele. Pil derefter hvidløget af skindet, hak det fint og steg det i varm olie på en pande.
2. Tilsæt østers skåret i stykker til de glaserede hvidløg. Steg dem ved middel varme, til de er let gyldne. Pisk derefter æggene i en kop, pisk dem med en gaffel med mælk, en knivspids salt, kværnet sort peber og hæld dem i de stegte østers. Bland det hele godt og steg til æggene er helt sat. Tag derefter alt af ilden og læg det i et bananblad på en tallerken. Drys den færdige ret med grøn persille og server sammen med chilisaucen.

47. Ris med omelet, bacon og cikorie

- forberedelse 30-60 minutter
- portioner 4

Ingredienser:

- 25 g røgede baconskiver
- 3 æg
- 3 spiseskefulde olie
- 1 kop klistret ris
- 1 lille por
- 1 rød cikorie
- 1 spsk mælk

    1 spsk hvedemel
- salt
- peber

forberedelse:

1. Vask grøntsagerne og dræn vandet fra. Skær derefter porren i små stykker.
2. Skær cikorie i tynde skiver. Lad de fire skiver bacon være hele og skær resten i tern. Skyl risene under rindende vand, hæld dem i en gryde, hæld to glas letsaltet vand på, kog det løst og inddamp.
3. Knæk æggene i en skål, hæld mælk i dem, tilsæt mel, et nip salt og peber og pisk med en gaffel. Hæld de sammenpiskede ingredienser i 1 spsk varm olie i en stegepande og steg til de er stivnet.
4. Tag dem derefter af varmen, hak dem i små stykker og bland med de kogte ris.
5. Varm derefter den resterende olie op på en pande, tilsæt hakket bacon og porre, smag til med krydderier og steg til kødet er gyldent.
6. Tilsæt derefter de blandede ris og omelet til det, bland det igen og steg det tildækket i endnu et minut.

7. Efter denne tid, fjern alt fra varmen og læg det på en tallerken, tilsæt de resterende baconskiver. Drys det hele med hakket cikorie.

48. Omelet med bønner og skinke

Ingredienser:

- 30 g grønne bønner
- 25 g skiveskåret serranoskinke
- 3 spiseskefulde olivenolie
- 2 fed hvidløg
- 2 spsk mayonnaise
- 1 tsk malet sød rød peber
- 1 røget chilipeber
- en flok purløg, salt
- peber
- salt

Til omeletten:

- 4 æg
- 2 spsk mælk
- 1 spiseskefuld hvedemel

forberedelse:

1. Vask grøntsagerne og dræn vandet fra. Skær purløget fint. Fjern kernerne fra den røgede peber og skær den i små stykker. Fjern enderne af bønnerne, kom dem i en gryde, hæld 1 liter letsaltet vand, kog indtil de er bløde og afdryp. Pil hvidløget af skindet, skær i små tern og steg på 2 spsk varm olivenolie på en pande. Tilsæt hakket, fint røget chilipeber, skiver af skinke og tidligere kogte grønne bønner til de glaserede hvidløg. Steg, tildækket, i 1,5 minutter ved middel varme.
2. Tilbered derefter omeletten: kom æggene i en gryde, hæld mælken i dem, tilsæt mel, et nip salt, peber og pisk det hele grundigt med en gaffel. Hæld de piskede ingredienser over de stegte ingredienser i gryden. Steg det hele til æggene er skåret. Klar til at blive fjernet fra ilden og lagt i fadet.
3. Drys det hele med hakket purløg.

49. omelet roulade

Ingredienser:

- 6 æg
- 5 spiseskefulde fløde 12%
- 2 spsk mel
- 15 gram smør
- urtehytteost
- grønne ærter
- dåse majs
- 20 gram revet ost
- grøn dild eller persille
- salt
- peber

forberedelse:

1. Pisk æggene med revet ost, fløde og mel. Tilsæt salt. Smelt smørret i en gryde og hæld den piskede masse i. Steg ved høj varme på begge sider, løft bunden med en spatel for at forhindre, at den brænder på. Læg den færdige omelet på en tallerken, pensl den med hytteost, drys med ærter, majs, peber, hakket dild eller persille. Rul den sammen og skær den derefter i tykke skiver. Serveres varm.

50. Svinekødomelet

- forberedelse op til 30 minutter
- portioner 2

Ingredienser:

- 300 g hakket svinekød
- 4 æg
- 2 spsk olie
- 2 teskefulde mørk sojasovs
- 2 tomater
- 1 løg
- 1 grøn agurk

- salt
- **Forberedelse** af malet sort peber :

2. Vask tomater og agurker og dræn fra vand. Skræl agurken, skær den derefter med tomaten i tynde skiver og læg den på en tallerken. Pil løget, hak det fint og svits i varm olie på en pande. Efter glasering tilsættes hakket kød, sojasovsen hældes i, røres og steges til kødet bliver mørkere. Pisk derefter æggene i en kop, pisk dem med en gaffel med en knivspids salt og peber og hæld dem over det stegte kød med løg. Steg det hele gyldenbrunt ved middel varme på begge sider. Efter stegning fjernes fra varmen og lægges på en tallerken med hakkede grøntsager.

51. Ris og kødomelet

- forberedelse op til 30 minutter
- portioner 2

Ingredienser:

- 350 g hakkebøf og svinekød
- 200 g brune ris
- 150 g majs i lage
- 4 æg
- 3 spiseskefulde olie
- 2 spsk krydret ketchup
- 1 løg
- 0,5 kop mælk 2%
- salt

- sort peber (kværnet) **forberedelse:**

1. Pluk majsen af saltlagen. Skyl risene under rindende vand, hæld dem i en gryde, hæld 4 kopper letsaltet vand på og kog dem løs.
2. Efter kogning, inddamp. Pil løget, hak det fint og svits i varm olie på en pande. Tilsæt hakket kød til det glaserede løg, smag til med et nip salt, kværnet peber, bland godt og steg, indtil det bliver mørkere. Tilsæt derefter de tidligere kogte ris og majsen, der er drænet fra saltlagen. Bland det hele grundigt og steg i yderligere 3 minutter ved middel varme, tag derefter af varmen og kom på en tallerken.
3. Bræk derefter æggene i en kop, hæld mælken i dem, tilsæt en knivspids salt og pisk godt med en gaffel. Efter piskning hælder du dem i en varm stegepande uden fedtstof og koger til de er faste. Fjern dem derefter fra gryden og tilsæt til fadet. Hæld krydret ketchup over det hele.

52. Blomkålomelet

- forberedelse op til 30 minutter
- portioner 2 **ingredienser:**

- 6 æg
- 2 spsk revet Gouda ost
- 2 spsk smør
- 0,5 kop mælk 2%
- 1 stort blomkål
- salt
- **Forberedelse** af malet sort peber :

1. Vask blomkålen, skær i buketter, kom dem i en gryde, tilsæt 1,5 liter letsaltet vand og kog indtil de er møre.
2. Efter kogning af blomkål, drænes det og puttes i det varme smør i en gryde. Tilsæt derefter æggene i en kop, tilsæt revet Gouda-ost, en knivspids salt og peber, hæld mælken ved, pisk gaflerne godt, og hæld derefter hele blomkålen i gryden.
3. Steg det hele gyldenbrunt og server den færdige omelet lun.

53. omelet med ricotta og parmesanost

Ingredienser:

- 200 g ricottaost □ 2 spsk smør
- en håndfuld frisk basilikum
- salt
- friskkværnet peber *omelet:*

- 5 æg
- 1 spsk hvedemel
- 1 spsk revet parmesanost
- 1 spsk mælk

1. Vask basilikum og dræn vandet fra. Smelt smørret i en varm pande. Tilsæt ricottaosten til det smeltede smør og steg det i 1 minut ved middel varme.

Forbered en omelet:

2. bræk æggene i en kop og tilsæt mel, revet parmesan og en knivspids salt. Pisk derefter ingredienserne i kruset godt med en gaffel og hæld dem i de stegte ingredienser i gryden. Steg det hele, tildækket, til æggene er stivnet. Tag herefter alt fra varmen, pynt med basilikum og drys med friskkværnet peber.

forberedelse:

54. Kartoffelomelet

- forberedelse 30-60 minutter
- portioner 4 **ingredienser:**

- 6 æg
- 500 g kartofler
- 2 spsk smør
- 2 spsk mælk 2%
- 1 løg
- 0,5 tsk kartoffelkrydderier
- salt
- peber

3. Skrub kartoflerne grundigt under rindende vand, kom dem i en gryde, hæld vand på, så de ikke stikker ud og kog i deres jakker, indtil de er bløde. Efter kogning drænes den og skæres i tynde skiver. Bræk derefter æggene i en kop, hæld mælken i dem, tilsæt en knivspids salt og peber og pisk dem sammen med en gaffel. Pil løget, skær det i små tern og brun det i varmt smør på en pande. Tilsæt de hakkede kartofler til det brunede løg, drys dem med en knivspids salt, peber, kartoffelkrydderi og steg i 40 sekunder ved middel varme. Hæld tidligere sammenpisket æg i de stegte ingredienser, bland og steg indtil stivnet. Tag derefter alt af bålet.

forberedelse:

55. omelet med ost og sojasovs

Ingredienser:

- 15 g revet parmesanost
- 4 æg
- 2 spsk mælk
- 2 spsk hvedemel
- 2 spsk mørk sojasovs
- 0,5 tsk salt
- 0,5 tsk kværnet sort peber
- grøn persille

1. Vask den grønne persille, dræn vandet fra og hak den fint. Stik æggene i en gryde, tilsæt mel, salt og peber, hæld mælken i dem og bland det hele med en røremaskine til konsistensen af tyk fløde. Hæld de blandede ingredienser med en ske på en varm stegepande uden fedtstof og steg på begge sider ved middel varme, indtil de er let brune.
2. Tag det så af varmen, drys med revet parmesanost, rul det sammen og sæt det tilbage på middel varme. Steg, tildækket, indtil osten smelter. Tag derefter af varmen, del i portioner og kom på en tallerken. Drys derefter det hele med sojasovs og drys med finthakket grøn persille.

forberedelse:

56. Kalkunroulade, omelet og spinat

Ingredienser:

- 4 kalkunbryster
- 250 g frossen spinat
- 4 spiseskefulde olie
- 2 spsk krydret ketchup
- 1 løg
- 0,5 tsk revet muskatnød
- salt
- peber

Til omeletten:

- 4 æg

- 2 spsk mælk
- 1 spiseskefuld hvedemel

forberedelse:

1. Vask kalkunbrystene, dræn vandet fra, knus dem med en støder, læg dem på kagepladen, pensl med krydret ketchup på den ene side og drys med salt og peber.

Forbered en omelet.

2. Pisk æggene i en skål og pisk med mel og mælk. Kom de piskede ingredienser i en varm pande uden fedtstof og steg på begge sider ved middel varme, til æggene er faste.
3. Tag derefter af varmen og læg kalkunbrystene overtrukket med ketchup. Pil løget, skær det i små tern og steg det på 2 spsk varm olie på en pande.
4. Tø spinat op og tilsæt det glaserede løg. Smag ingredienserne til med et nip salt og peber, tilsæt revet muskatnød, rør rundt og lad det simre under låg i 2 minutter ved middel varme. Efter denne tid tages det af varmen og tilsættes ingredienserne med kødet.

5. Pak derefter det hele sammen, bind med sejlgarn, kom i en bradepande og dryp med 2 spsk af den resterende olivenolie. Sæt det hele i en forvarmet ovn til 175°C og bag til kødet er mørt.

57. Omelet med bacon, kartofler og asparges

- forberedelse op til 30 minutter
- portioner 2

Ingredienser:

- 30 g grønne asparges
- 20 b røget bacon
- 4 spiseskefulde olie
- 4 kartofler
- 4 æg
- 2 spsk mælk
- 2 spsk tung fløde
- 0,5 tsk kværnet rød peber
- salt

- peber **forberedelse:**
1. Vask aspargesene og dræn dem fra vandet. Kom aspargesene i en gryde, tilsæt 3 kopper letsaltet vand, kog til de er bløde og afdryp.
2. Skrub kartoflerne grundigt under rindende vand, hæld 1 liter vand over dem, kog dem møre i deres jakker, afdryp og skær dem i tynde skiver. Slå æggene ud i en gryde og pisk dem med et piskeris med mælk, et nip salt og peber.
3. Hæld det i en varm stegepande uden fedtstof og steg ved middel varme til det er fast. Fjern derefter fra ilden og læg på en tallerken. Varm olien op i en gryde og tilsæt de tidligere kogte kartofler.
4. Steg dem til de er gyldenbrune, tag dem så af varmen og læg dem på den stegte omelet. Skær baconet i tern og brun det på en varm pande uden fedtstof. Tilsæt de kogte asparges til den brunede bacon og steg i 1, 5 minutter ved middel varme. Fjern de stegte ingredienser fra varmen og tilsæt det hele med den tunge fløde. Drys det hele med stødt rød peber.

58. Omelet med croutoner og bønnespirer

Ingredienser:

- 5 g mung bønnespirer
- 4 æg
- 4 skiver ristet brød
- 3 spiseskefulde olie
- 2 fed hvidløg
- 2 spsk vand
- en flok purløg
- salt
- peber

forberedelse:

1. Bønnespirer skolder 1 kop kogende vand og dræn overskydende vand. Vask purløget, dræn vandet fra og skær det i stykker. Skær det ristede brød i store tern.
2. Pil hvidløget af skindet, hak det fint og svits i varm olie på en pande. Tilsæt det ristede brød og purløg til de glaserede hvidløg og steg, indtil ingredienserne er gyldenbrune.
3. Kom derefter æggene i en gryde, hæld vand i dem, tilsæt en knivspids salt og peber og hæld i hele.
4. Steg det hele til æggene er skåret. Tilsæt derefter de tidligere skoldede bønnespirer og steg tildækket i 40 sekunder. Tag det færdige fad af varmen og læg det på en tallerken.

59. Omelet med broccoli, skinke og croutoner

- forberedelse op til 30 minutter
- portioner 4

Ingredienser:

- 15 g røget skinke
- 4 æg
- 2 spsk olie
- 2 spsk mælk
- 1 broccoli
- 1 løg
- 1 lille baguette
- peber

- salt

forberedelse:

1. Vask broccolien, del den i buketter, tilsæt 1 liter letsaltet vand, kog til den er blød og afdryp.
2. Pil løget af skindet, skær det i tern og steg det på 1 spsk varm olie på en pande.
3. Skær skinken i tern, tilsæt det glaserede løg og brun det. Pisk derefter æggene med mælk i en gryde og hæld over de stegte ingredienser. Tilsæt den tidligere kogte broccoli, drys med et nip salt og peber og steg til æggene er møre.
4. Klar til at blive fjernet fra ilden og sat på en tallerken. Skær baguetten i tynde skiver, brun i den resterende olie på begge sider og tilsæt til retten.

60. Svinekotelet med omelet, ris og majs

- forberedelse op til 30 minutter
- portioner 2

Ingredienser:

- 200 g majs i lage
- 6 spiseskefulde olie
- 4 æg
- 4 udbenede svinekoteletter
- 2 spsk krydret ketchup
- 2 fed hvidløg
- 1 spiseskefuld mel
- 1 spsk mælk
- 1 kop brune ris

- salt
- peber

forberedelse:

1. Vask kødet, dræn vandet fra og del det i portioner. Skyl brune ris under rindende vand, hæld 2 glas letsaltet vand over og kog indtil vandet er helt fordampet.
2. Pil derefter hvidløget af skindet, hak det fint og svits i 2 spsk varm olie på en pande. Tilsæt majs drænet fra pickles og de tidligere kogte ris til de glaserede hvidløg.
3. Smag ingredienserne til med et nip salt og peber og steg i 1,5 minutter ved middel varme. Tag det stegte fra varmen og læg det på en tallerken.
4. Slå æggene ud i en gryde, tilsæt derefter melet, hæld mælken ved, drys med et nip salt og ryst det hele grundigt med et piskeris.
5. Hæld de sammenpiskede æg i en varm stegepande uden fedtstof og steg til de er stivnet. Fjern derefter fra varmen og tilsæt ingredienserne på pladen. Drys svinekoteletterne med peber og salt og steg

på begge sider i den resterende varme olie på panden.
6. Dræn de stegte for fedtstof og tilsæt til retten. Hæld krydret ketchup over det hele.

61. Fransk omelet

Ingredienser:

- 15 g tartar sera Gruyere
- 2 spsk smør
- en flok purløg
- peber
- saltfremstilling :

1. Vask purløget og dræn det fra vandet. Læg æggene i en gryde, drys med et nip salt og peber og pisk grundigt med et piskeris. Varm smørret op i en stegepande, tilsæt de sammenpiskede æg og steg til det stivner.

Drys derefter det hele med revet Gruyere ost og hakket purløg. Rul det hele sammen med en spatel og steg tildækket til osten er smeltet.

62. Omelet med kartofler, asparges og ost

- forberedelse op til 30 minutter
- portioner 2

Ingredienser:

- 20 g grønne asparges
- 20 g røgede baconskiver
- 20 g gedehytteost
- 4 æg
- 4 kartofler
- 2 spsk mælk
- 2 fed hvidløg
- 2 spsk olie

- 1 spsk hvedemel
- 0,5 tsk kværnet rød peber
- salt
- peber

forberedelse:

1. Vask grøntsagerne og dræn vandet fra. Slå æggene ud i en gryde, hæld mælken i dem, tilsæt mel, smag til med et nip salt og peber og pisk grundigt med et piskeris.
2. Hæld de sammenpiskede ingredienser i en varm stegepande uden fedtstof og steg til det hele er fast. Fjern det derefter fra ilden og læg det på en tallerken. Skær baconet i tern.
3. Skræl kartoflerne og skær dem i tynde skiver. Pil hvidløget af skindet, skær det i stykker og steg det i varm olie på en pande. Tilsæt hakkede kartofler og asparges til de glaserede hvidløg.
4. Drys ingredienserne med et nip salt og kværnet paprika og steg til de er gyldenbrune. Tilsæt herefter hakket bacon og steg til kødet er gyldenbrunt. Tag de stegte fra varmen og læg dem på en omelet på en tallerken.

63. Omelet med kartofler, asparges og ost

- forberedelse op til 30 minutter
- portioner 4

Ingredienser:

- 20 g grønne asparges
- 20 g røgede baconskiver
- 20 g gedehytteost
- 4 æg
- 4 kartofler
- 2 spsk mælk
- 2 fed hvidløg

- 2 spsk olie
- 1 spsk hvedemel
- 0,5 tsk kværnet rød peber
- salt
- peber

forberedelse:

1. Vask grøntsagerne og dræn vandet fra. Slå æggene ud i en gryde, hæld mælken i dem, tilsæt mel, smag til med et nip salt og peber og pisk grundigt med et piskeris.
2. Hæld de sammenpiskede ingredienser i en varm stegepande uden fedtstof og steg til det hele er fast. Fjern det derefter fra ilden og læg det på en tallerken. Skær baconet i tern. Skræl kartoflerne og skær dem i tynde skiver. Pil hvidløget af skindet, skær det i stykker og steg det i varm olie på en pande.
3. Tilsæt hakkede kartofler og asparges til de glaserede hvidløg. Drys ingredienserne med et nip salt og kværnet paprika og steg til de er gyldenbrune. Tilsæt herefter hakket bacon og steg til kødet er gyldenbrunt.
4. Tag de stegte fra varmen og læg dem på en omelet på en tallerken.

64. Tofu omelet

Ingredienser:

- 40 g silkeblød tofu
- 40 g majs i lage
- 2 æg
- 2 blade rød salat
- 2 cherrytomater
- 2 spsk mælk
- 2 spsk olie
- 1 spiseskefuld majsstivelse
- en flok små purløg
- sol
- peber

forberedelse:

1. Vask grøntsagerne og dræn vandet fra. Læg salat og tomater på en tallerken.
2. Fjern majsen fra saltlagen og hæld i en skål. Tilsæt tofu og purløg knust i små stykker.
3. Hæld derefter mælken i, tilsæt majsmel og tilsæt æggene. Smag til med peber og salt og bland grundigt. Varm derefter olien op i en gryde og kom de blandede ingredienser herpå.
4. Steg det hele, indtil det er gyldenbrunt på begge sider ved middel varme, og tag det derefter af varmen og tilsæt ingredienserne på pladen.

65. Oksekødomelet

Ingredienser:

- 200 g hakkebøf
- 3 spiseskefulde olie
- 2 æg
- 2 spsk mørk sojasovs
- 1 rød peberfrugt
- 1 tomat
- 1 grøn agurk
- 1 forårsløg
- 1/2 tsk magi
- salt
- peber

forberedelse :

1. Vask grøntsagerne og dræn vandet fra. Skær tomaten i skiver. Skræl agurken og skær den også i skiver.
2. Fjern frøene fra peberfrugten og skær den i små tern. Pil forårsløgene og skær dem også i tern.
3. Varm olie op i en stegepande, tilsæt hakkebøf, tilsæt sojasauce, smag til med peber, salt, magi, bland og steg til kødet skifter farve.
4. Tilsæt herefter hakket peber og forårsløg og steg i 2,5 minutter. Knæk æggene i en gryde, pisk dem med en gaffel, og hæld dem derefter i de stegte ingredienser.
5. Smag til med krydderier efter smag, bland og steg til æggene er helt faste. Tag den færdige mad af varmen og læg den på en tallerken. Tilsæt derefter den skårne agurk og tomat til det.

66. Omelet med kyllingelever

- Forberedelser 15 min
- Tilberedningstid 30 min

ingredienser

- 6 æg
- 150 g kyllingelever
- 2 skalotteløg
- 3 spiseskefulde olivenolie
- 1 tsk hakket persille, 1 tsk hakket purløg, 1 tsk hakket estragon
- Salt peber **forberedelse**

1. Skær og skær kyllingeleverne i 4. Pil og hak skalotteløgene.

2. Steg kyllingeleverne i olivenolien og steg dem i 3 til 4 minutter. Gem dem derefter og sved skalotteløgene over en ret blød ild. Bland dem med leverne og gem dem.
3. Pisk æggene, salt og peber dem. Kog dem i en sjusket omelet. Fordel over kyllingeleverne og krydderurterne.
4. Fold omeletten og læg den på et fad.

67. Omelet med rejer og svampe

- forberedelse op til 30 minutter
- portioner 2 **ingredienser**:

- 5 tigerrejer
- 6 svampe
- 4 æg
- 3 spiseskefulde olie
- 2 fed hvidløg
- 1 rød peberfrugt
- 1 spiseskefuld mel
- 1 spsk mælkegrønkål til dekorationssalt
- peber

forberedelse:

1. Vask grøntsager og svampe og hæld vandet fra. Fjern hinden fra svampene og skær dem i tynde skiver. Fjern frøene fra peberfrugten og skær dem i stykker. Rens rejerne fra uspiselige dele.
2. Slå æggene ud i en gryde, hæld melet i dem, hæld mælken i og pisk det hele med et piskeris. Pil hvidløget af skindet, hak det fint og steg i varm olie på en pande. Tilsæt de rensede rejer og hakkede svampe til de glaserede hvidløg, drys med en knivspids salt, og steg i 2,5 minutter, tildækket, ved middel varme.
3. Hæld derefter de sammenpiskede æg i de stegte ingredienser, smag til med en knivspids salt, bland grundigt og steg til æggene er stivnet. Tag derefter alt af ilden og læg det på en tallerken. Drys den færdige ret med friskkværnet peber og pynt med grønkål og hakket paprika.

68. Tortilla med omelet

Ingredienser:

- 15 g røget skinke i skiver
- 4 æg
- 2 tortillas
- 2 spsk hvedemel
- 2 spsk mælk
- 2 spsk krydret ketchup
- 1 løg
- 1 spsk olie
  1 bundt purløg

0,5 kop lunkent vand
- salt
- peber

forberedelse:

1. Udblød tortilla-pandekagerne med lunkent vand, kom dem derefter i en varm stegepande uden fedtstof og steg i 40 sekunder på den ene side. Tag det stegte fra varmen og læg det på en tallerken. Vask purløget, dræn vandet fra og skær det i stykker. Knæk æggene i en skål, tilsæt den hakkede skinke i små stykker. Hæld melet i, hæld mælken i, smag det hele til med peber og salt og pisk grundigt med et piskeris. Pil løget, skær det i små tern og steg det i varm olie på en pande. Hæld de sammenpiskede ingredienser i det glaserede løg og steg, indtil det stivner (kun på den ene side). Kom så det hele i tortillas, hæld ketchup over og drys med hakket purløg.

☐
☐

70. Omelet med salami og løg

- forberedelse: op til 30 minutter
- portioner 2 **ingredienser**:

- 15 g salami
- 4 æg
- 2 spsk sorte oliven i lage
- 2 spsk hvedemel
- 2 spsk mælk
- 2 spsk olie
- 1 løg
- 1 drivhus grøn agurk salt peber

forberedelse:

2. Vask agurken, dræn vandet fra, skær i tynde skiver, drys med et nip salt og kom på en tallerken. Tilsæt den tynde skiver hvid ostemasse til det. Slå æggene i en skål, tilsæt derefter mel, mælk og pisk grundigt med en gaffel. Pil løget fra skindet, skær det i tynde skiver, tilsæt pisket æg med salami i tern, og bland derefter det hele. Varm olien op i en stegepande og hæld de blandede ingredienser i en ske. Smag til med peber og salt og steg først på den ene side, og når æggene er stivnet, vendes og steges på den anden side til de er gyldenbrune. Tag den stegte omelet af varmen, rul den sammen og tilsæt til agurkerne. Tilsæt de oliven, der er drænet fra sylten.

☐
☐

71. Oksekødomelet

- forberedelse op til 30 minutter
- portioner 2

Ingredienser:

- 200 g hakkebøf
- 3 spiseskefulde olie
- 2 æg
- 2 spsk mørk sojasovs
  1 rød peberfrugt
  1 tomat

- 1 grøn agurk
- 1/2 tsk Maggi
- salt
- peber

forberedelse:

1. Vask grøntsagerne og dræn vandet fra. Skær tomaten i skiver. Skræl agurken og skær den også i skiver.
2. Fjern frøene fra peberfrugten og skær den i små tern. Pil forårsløgene og skær dem også i tern. Varm olie op i en stegepande, tilsæt hakkebøffer, tilsæt sojasauce, smag til med peber, salt, Maggi, bland og steg til kødet skifter farve.
3. Tilsæt herefter hakket peber og forårsløg og steg i 2,5 minutter. Knæk æggene i en gryde, pisk dem med en gaffel, og hæld dem derefter i de stegte ingredienser.
4. Smag til med krydderier efter smag, bland og steg til æggene er helt faste. Tag den færdige mad af varmen og læg den på en

☐
☐

tallerken. Tilsæt derefter den skårne agurk og tomat til det.

72. Omelet med ost og broccoli

- forberedelse op til 30 minutter
- portioner 2

Ingredienser:

- 6 cherrytomater
- 5 g revet Gouda ost
- 4 æg
- 2 spsk hvedemel
- 2 spsk mælk
- 2 spsk olie
- 1 broccoli
- 1 rødløg

- grønkål til pynt
- salt
- peber

forberedelse:

1. Vask grøntsagerne og dræn vandet fra. Del broccolien i buketter, hæld 1 liter letsaltet vand på, kog til den er blød og afdryp.
2. Knæk æggene i en skål. Hæld derefter melet i dem, tilsæt revet ost, hæld mælken i og bland det hele grundigt med et piskeris.
3. Pil løget af skindet, skær det i tern og svits det i varm olie på en pande. Hæld de blandede ingredienser i det glaserede løg, smag til med peber og salt, og tilsæt derefter den tidligere kogte broccoli.
4. Steg det hele ved middel varme, indtil ingredienserne er helt tørre. Klar til at blive fjernet fra ilden og sat på en tallerken. Pynt det hele med cherrytomater og grønkål.

73. Omelet i brød med bacon og krydderurter

Ingredienser:

- 20 g røget bacon
- 6 skiver gammelt brød
- 4 æg
- 1 spsk hvedemel
- 1 tsk tørret timian
- 1 tsk merian
- 0,5 varmt vand
- salt
- peber

forberedelse:

1. Fjern skorperne fra gammelt brød og fugt det med varmt vand i en skål. Læg det udblødte brød på en springform med en diameter på 30 cm.
2. Skær baconet i små tern og kom det i en skål. Hæld æggene i det hakkede bacon, tilsæt mel, merian, timian, smag til med en knivspids salt og peber og bland grundigt.
3. De blandede ingredienser hældes kageformen med brødet og sættes i ovnen forvarmet til 170 grader. Bag til æggene er helt stivnet, tag derefter formene ud af ovnen og afkøl let.

74. omelet med morkler og spinat

- forberedelse op til 30 minutter
- portioner 2

Ingredienser:

- 40 g frisk krydret
- 4 spiseskefulde smør
- 3 æg
- 2 spsk mælk
- 1 håndfuld frisk spinat
- 1 løg ☐ peber
- salt

forberedelse:

1. Rens morklerne grundigt, skyl under rindende vand og skær dem i lange strimler. Smelt derefter smørret i en gryde og tilsæt hakkede svampe til det.
2. Svits svampene, tildækket, ved svag varme i 20 minutter, under omrøring af og til. Tilsæt derefter det pillede og hakkede løg til det og steg i 1,5 minutter. Vask spinaten, dræn vandet fra og tilsæt ingredienserne. Knæk æggene i en gryde, bland dem med mælk, et nip salt og peber og hæld dem i de stegte ingredienser.

3. Steg det hele, indtil æggene er helt tætte. Fjern det derefter fra ilden og læg det på en tallerken.

75. omelet med rejer og svampe

- forberedelse op til 30 minutter
- portioner 2 **ingredienser:**

- 5 tigerrejer
- 6 svampe
- 4 æg
- 3 spiseskefulde olie
- 2 fed hvidløg

- 1 rød peberfrugt
- 1 spiseskefuld mel
- 1 spsk mælk
- grønkål til pynt
- salt
- peber

forberedelse:

1. Vask grøntsager og svampe og hæld vandet fra. Fjern hinden fra svampene og skær dem i tynde skiver. Fjern frøene fra peberfrugten og skær dem i stykker.
2. Rens rejerne fra uspiselige dele. Knæk derefter æggene i en gryde, hæld melet i, hæld mælken på og pisk det hele med et piskeris.
3. Pil hvidløget af skindet, hak det fint og steg i varm olie på en pande. Tilsæt de rensede rejer og hakkede svampe til de glaserede hvidløg, drys med en knivspids salt, og steg i 2,5 minutter, tildækket, ved middel varme.
4. Hæld derefter de sammenpiskede æg i de stegte ingredienser, smag til med en knivspids salt, bland grundigt og steg til æggene er stivnet.

5. Tag derefter alt af ilden og læg det på en tallerken. Drys den færdige ret med friskkværnet peber og pynt med grønkål og hakket paprika.

76. Marokkansk omelet

- Tilberedningstid 15 til 30 min
- portioner 4 **ingredienser**

- 2 spsk olivenolie
- 2 skalotteløg (fint skåret)
- 4 tomater (mellemstore, udstenede, i tern)
- 1 tsk Ras el-Hanout (marokkansk krydderiblanding)
- 8 æg
- 2 spsk koriander (frisk, hakket)
- havsalt
- Peber (fra møllen) **forberedelse**

1. Varm først olivenolie i en gryde (med et jern- eller træhåndtag). Steg skalotteløg heri, tilsæt tomater i tern, krydr med ras el-hanout, havsalt og peber.
2. Pisk forsigtigt æggene i gryden og steg i ovnen ved 180°C i 8-10 minutter. Drys den marokkanske omelet med friskhakket koriander og havsaltflager.

77. Gedeost omelet med basilikum

- Tilberedningstid Mindre end 5 min
- Portioner 4 **ingredienser**

- 4 æg (r)
- salt
- peber
- 200 g ost (gedeost)
- 2 spsk basilikum (groft hakket)
- 60 g smør

forberedelse

2. Pisk æggene i en skål til gedeostomelet, smag til med salt og peber, og pisk det hele godt. Skær gedeosten i tern og bland med æggene sammen med den friskhakkede basilikum.

3. Varm halvdelen af smørret op i en gryde, hæld halvdelen af æggeblandingen i, og rør panden rundt for at fordele blandingen jævnt. Skru lidt ned for varmen. Lad omeletten stivne langsomt, fold den på midten og læg den på en forvarmet tallerken.

4. Forbered og server den anden gedeost omelet på samme måde.

78. Vild hvidløg omelet

- Tilberedningstid 5 til 15 min

- Portioner: 4 **ingredienser**

- 1 håndfuld vild hvidløg
- 2 kødtomater
- 1/2 Zucchini
- 8 æg
- 80 g emmentaler (eller anden bjergost)
- 2 kviste timian
- 3 kvist(e) persille
- Smør
- Rapsolie
- salt
- **Tilberedning** af peber (friskmalet).

1. Skyl de vilde hvidløgsblade med koldt vand, centrifuger tørt og hak fint til vild hvidløgsomelet. Vask tomater og zucchini og gnid tør, fjern rødder og stilke fra zucchinien. Skær grøntsagerne i tern.
2. Varm lidt smør og rapsolie op på en pande, svits grøntsager i tern og vild hvidløg.
Fjern fra kogepladen.
3. Pisk æggene i en skål og smag til med de finthakkede krydderurter, salt og peber. Rør nu den groft revne ost i. Varm olien op i en

stor pande og hæld æggeblandingen i. Lad det stivne lidt, læg de dampede grøntsager ovenpå og fold omeletten. Vend én gang, del i portioner og anret vild-hvidløgsomelet på tallerkener.

79. Skinke- og osteomelet

ingredienser

- 1 æg
- 1/2 tsk mel
- 2 spsk mælk
- 50 g Edam
- 1 skive(r) skinke (skåret i fine strimler)

- 1/4 tsk chili krydderi
- salt
- smør
- 1/2 tomater
- 1 kvist(e) persille

Pisk ægget godt. Tilsæt ost, mælk, mel, skinke og krydderier og rør godt rundt.
2. Hæld æggeblandingen i en opvarmet, smurt gryde og lad den stivne. Læg tomatskiverne ovenpå og varm i yderligere 1-2 minutter.
3. Pynt med persille.

forberedelse

1.

80. Sommerhusomelet

- Tilberedningstid 15 til 30 min. **ingredienser**

- 3 æg
- 1 spsk vand (varmt)
- 1 spsk mel (dynger)
- lidt persille (hakket)
- 1 knivspids salt
- noget peber
- 2 spsk løg (ristede)
- 1 håndfuld bacon (skåret)

- 5 skive(r) ost (krydret)

Til sommerhusomelet blandes først alle ingredienserne bortset fra osten.

2. Varm lidt olie op på en pande (20 cm Ø) og hæld dejen i. Dæk til og bag undersiden brun ved moderat varme. Oversiden skal være fast, før den vendes.
3. Efter vending skæres i halve, den ene side dækkes med ost, og osten smeltes. Lad undersiden blive brun igen. Fold derefter begge halvdele af sommerhusomelet sammen.

forberedelse

1.

81. Kartoffelomelet med ost

- Tilberedningstid 15 til 30 min
- portioner 4 **ingredienser**

- 1 kg kartofler
- 2 løg (hakket)
- 50-100 g bacon i tern
- 50-100 g Gouda (skåret i små tern eller revet)
- smør
- 6 æg
- salt
- peber

Til kartoffelomelet koges kartoflerne i cirka 20 minutter, skrælles og skæres i skiver.
2. Steg løg og bacon i tern i lidt smør, tilsæt kartoflerne og steg til de er sprøde.
3. Bland æggene med lidt salt og peber, bland osteterningerne i og hæld denne blanding over kartoflerne. Steg indtil blandingen er tyknet.
4. Tag den færdige kartoffelomelet op af panden, pynt evt med persille og server.

forberedelse

1.

82. omelet med kantareller

ingredienser

- 2 stilke(r) forårsløg
- 2 stk. Løg
- 2 spsk smør
- 100 g skinke (kogt)
- 400 g kantareller (friske)
- Citronsaft)
- salt
- peber
- 1 knivspids muskatnød
- 2 bundter persille (hakket)

Til omeletter:

- 8 æg

- 500 ml mælk

- smør
- 2 bundt purløg (skåret) **forberedelse**

1. Til omeletten med kantareller renses forårsløgene med grønt og skæres i strimler.
2. Pil løget og skær det i fine tern. Damp forårsløg og løg i smørret, indtil de er gennemsigtige. Tilsæt skinken skåret i små strimler eller tern til løgene.
3. Rens kantarellerne og skær dem i små stykker efter behov. Dryp med lidt citronsaft og tilsæt skinken. Smag til med salt, peber og muskatnød og steg videre.
4. Når kogetiden er slut, krydrer du igen hjerteligt, vend persillen i og gør den klar.
5. Til omeletterne piskes æggene med mælken.
6. Bag omeletterne i portioner. For at gøre dette, steg blandingen af hver 2 æg kort i smør og lad den stå i 1-2 minutter med låget lukket.
7. Dæk med kantarellens blanding, pisk op og drys med purløg og kom på bordet.

83. omelet med rejer

ingredienser

- 4 æg
- 1/2 stav(e) porre
- 1 bundt purløg
- 250 g rejer
- salt
- 1 spsk citronsaft
- 1 fed (e) hvidløg
- peber

forberedelse

1. Til omeletten med rejer skæres porren i små stykker.
2. Pisk æggene, tilsæt porre, salt og peber. Varm lidt smør i en gryde og tilsæt den piskede æggeblanding.
3. Lad det stivne i cirka 3 minutter, vend derefter omeletten kort og lad det koge.
4. Varm lidt smør i en separat gryde.
5. Hak hvidløget og steg det kort sammen med rejerne. Smag til med citronsaft, salt og peber og server omeletten med rejer.

84. Omelet fyldt med feta

- Tilberedning: 40 min
- portioner 2 **ingredienser**

- 1 skalotteløg
- 4 æg
- salt
- peber fra kværnen
- 4 spsk creme fraiche ost
- 2 tsk sennep
- 2 tsk citronsaft
- 2 spsk finthakket basilikum
- 2 spsk smør
- 100 g

- feta
- basilikum

Forberedelsestrin

6. Skræl og hak skalotteløg fint. Adskil æg. Pisk æggehviderne med et nip salt til de er stive. Pisk æggeblommerne med 2 spsk creme fraiche, sennep, citronsaft og finthakket basilikum. Smag til med salt og peber, vend æggehviderne løst i.
7. Smelt halvdelen af smørret i en slip-let gryde. Tilsæt halvdelen af skalotteløget og sauter. Tilsæt halvdelen af omeletblandingen og kog i 6-8 minutter, indtil undersiden er gyldenbrun og overfladen tykner, mens gryden dækkes. Træk derefter gryden af komfuret.
8. Smør 1 spsk creme fraiche på æggekagen og dæk med halvdelen af den smuldrede feta, smag til med salt og peber og fold æggekagen sammen ved hjælp af en spatel.
9. Bag den anden omelet på samme måde (evt. i en anden gryde).
10. Læg omeletter på tallerkener og server pyntet med basilikum.

85. omelet med frugt

- forberedelse: op til 30 minutter
- portioner 2 **ingredienser:**

- 6 æg
- 1 tsk hvedemel
- 0,5 kop mælk 2%
- salt
- en flok purløg

FRUGT:

- 6 bananer
- 1 kop blåbær **forberedelse:**

3. Vask bananer og bær og dræn dem fra vandet. Fjern enderne af bananerne, skræl dem, skær kødet i tynde skiver og læg dem på en tallerken.

Forbered en omelet:

4. bræk æggene i en kop, hæld mælken i dem, tilsæt mel, en knivspids salt og finthakket purløg. Bland det hele godt med en gaffel, og hæld det derefter i en varm stegepande uden fedtstof og steg ved middel varme til æggene er helt stivnede. Tag derefter af varmen og tilsæt bananerne på tallerkenen. Drys det hele med blåbær.

86. Spaghetti omelet

ingredienser

- 5 æg
- 150 g spaghetti
- 30 g parmesan (friskrevet)
- 30 g smør
- 1 knivspids muskatnød (revet)
- Havsalt
- Peber

Forberedelse

1. Kog og si spaghettien efter behov.
2. Pisk æggene i en skål. Rør parmesanen i og smag til med salt, peber og en knivspids muskatnød.
3. Bland kogt spaghetti i og rør godt.
4. Steg halvdelen af smørret på en pande og steg pastablandingen ved gylden varme uden omrøring.
5. Smelt det resterende smør ovenpå omeletten. Vend omeletten og steg den anden side til den er sprød.
6. Portionér og server varm.

87. Urteomelet

ingredienser

- 12 æg
- 12 spsk krydderurter (efter eget valg, vasket, finthakket)
- 6 spiseskefulde smør
- 1 spiseskefuld mel
- 1/8 l mælk
- salt
- peber
- 2 spsk parmesan (eller anden hård ost efter smag)

Forberedelse

1. Smelt først smørret i en gryde til urteomelet og braiser forsigtigt krydderurterne ved lavt blus. OBS: Urterne må slet ikke brune!
2. Rør i mellemtiden æggene med salt, peber, parmesan, mel og mælk til en flydende pandekagedej. Hæld forsigtigt over krydderurterne, rør godt rundt. Når der er dannet en fast skorpe på undersiden, vendes dejen og bages. (Tilsæt lidt smør efter smag, så den anden side også bliver sprød.)
3. Arranger og anret urteomelet på tallerkener.

88. Have friske omeletter

ingredienser

- 1 ⅓ kopper groft hakkede tomater, dræn
- 1 kop groft hakket, udstenet agurk
- En halv moden avocado, halveret, frøet, skrællet og hakket
- ½ kop groft hakket rødløg (1 medium)
- 1 fed hvidløg, hakket
- Skær 2 spsk frisk persille
- 2 spsk rødvinseddike
- 1 spsk olivenolie
- 2 æg
- 1½ kopper kølet eller frosset ægprodukt, optøet
- ¼ kop vand
- 1 spiseskefuld friskskåret oregano eller 1 tsk tørret oregano, knust
- ¼ teskefuld salt
- ¼ tsk kværnet sort peber
- ⅛ teskefuld knust rød peber
- ¼ kop smuldret, fedtfattig fetaost

Forberedelse

1. Til salsa, rør tomater, agurk, avocado, løg, hvidløg, persille, eddike og 1 tsk olie sammen i en mellemstor skål.
2. Pisk æg, ægprodukt, vand, oregano, salt og sort peber i en mellemstor skål og knus den røde peber. For hver omelet, opvarm 1/2 tsk af den resterende olie over medium varme i en 8-tommer non-stick stegepande. Stegepande med 1/2 kop af æggeblandingen. Rør æggene med en spatel, indtil blandingen ligner stegte stykker af et æg omgivet af væske. Stop med at røre, men fortsæt med at koge, indtil du har sat ægget. 1/3 kop salsa ske over den ene side af ægblandingen stegt. Fjern omelet fra stegepanden; fold overfyldning. Gentag for at lave i alt fire omeletter.
3. Server per omelet med en fjerdedel af salsa-resten. Drys 1 spsk fetaost på hver omelet.

89. Avocado toast og omelet

Ingrediens

- 1 mellemmoden avocado
- 2 spsk limesaft, eller smag til
- 1-2 finthakket frisk purløg
- 3/4 tsk kosher salt, eller smag til
- 3/4 tsk friskkværnet sort peber, smag til
- To-skive håndværker-stil brød (tykt brød er mere effektivt og kaldes nogle gange "Texas toast" eller "french toast")
- 2 spsk usaltet smør
- 2 store æg
- Smag til salt og friskkværnet sort peber

Vejbeskrivelse

1. Tilsæt avocado, limesaft, purløg, kosher salt, friskkværnet sort peber, mos avocado med en gaffel, og bland med en gaffel i en mellemstor skål; sæt til side.
2. Skær en 2,5 til 3" cirkel med en udstikker eller et glas fra midten af hver skive brød.
3. Sæt smørret på og kog over middel-lav varme for at smelte til en stor non-stick stegepande.
4. Sæt ægget, æggerunderne ved, og steg på den første side, indtil de er gyldenbrune, omkring 1 til 2 minutter.
5. Vend det hele, knæk et æg ned i hvert stykke brøds hul, og krydr æggene med salt og peber.
6. Dæk panden, og kog i 3 til 6 minutter, indtil æg er nødvendige. Kog brødet hurtigere end æggene (på omkring 1 til 2 minutter); tag dem af panden, så snart de er gyldenbrune og læg dem på et fad. Læg ægget i et hul og kom på tallerkenen.
7. Fordel avocadoblandingen ensartet over runde brød og æg og server med det samme. Opskriften er køligere og friskere stærkere.

90. Zucchini Omelet med urter

ingredienser

- 300 g lille kålrabi (1 lille kålrabi)
- 1 spsk æblecidereddike
- 1 tsk valnøddeolie
- 2 æg
- salt
- 125 g zucchini (0,5 zucchini)
- 1 stængel dild
- 1 stilk persille
- 1 kort. tørret timian
- peber
- 100 g cherrytomater
- 2 tsk olivenolie

- 15 g pinjekerner (1 spsk)
- 10 g høvlet parmesanost (1 spsk; 30 % fedt i tørstof)

Forberedelsestrin

1. Rens, vask, skræl kålrabi, skær i meget fine skiver, bland og sæt til side med eddike og valnøddeolie.
2. Pisk imens, salt og pisk æggene i en skål. Rens zucchinien, vask og skær den i tynde skiver. Vask persille og dild, og ryst tør. Hak persillen og halvdelen af dilden, kom timian og peber på æggene og krydr med.
3. Vask tomater med kirsebær. Varm en teskefuld olie i en gryde. Tilsæt cherrytomater, og svits ved middel varme i 4 minutter. Fjern, og stil til side fra gryden.
4. Kom squashskiverne i gryden, og svits dem ved middel varme i 4 minutter. Hæld blandingen af æg i og lad den køle af i 4-5 minutter.
5. Fold omeletten, læg den marinerede kålrabi bølget på en tallerken og draperer ved siden af. Tilsæt tomaterne og drys over omeletten med pinjekerner, parmesan og resterende dild.

91. Fuldkornsbrød med omelet og bagte bønner

ingredienser

- 400 g bagte bønner (på dåse)
- 3 stilke persille
- 6 æg
- salt
- peber
- 2 spsk smør
- 200 g agurk
- 4. tomater
- 4 skiver fuldkornsbrød

Forberedelsestrin

1. Kom de bagte bønner i en gryde og varm op ved middel varme.
2. I mellemtiden vaskes persillen, rystes tør, hakkes fint og piskes sammen med æg, salt og peber.
3. Varm smørret op i en beklædt pande. Tilsæt æggene og lad dem koge ved middel varme.
4. Rens, vask og skær agurken i tynde skiver. Rens, vask og skær tomater. Arranger brød med baked beans, omelet, agurk og tomat.

92. Asparges og skinke omelet med kartofler og persille

ingredienser

- 200 g nye kartofler
- salt
- 150 g hvide asparges
- 1 løg
- 50 g bresaola (italiensk okseskinke)
- 2 stilke persille
- 3 æg
- 1 spsk rapsolie
- peber

Forberedelsestrin

1. Vask kartoflerne godt. Kog i kogende saltet vand i ca. 20 minutter, afdryp og lad afkøle. Mens kartoflerne koger, skrælles aspargesene, de nederste træede ender skæres af. Kog asparges i saltet vand i cirka 15 minutter, løft op af vandet, dræn godt af og lad afkøle. Pil løget og hak det fint.
2. Skær asparges og kartofler i små stykker.
3. Skær bresaolaen i strimler.
4. Vask persille, ryst tør, pluk blade og hak. Pisk æggene i en skål og pisk med hakket persille.
5. Varm olien op i en beklædt pande og svits løgternerne til middelhøj varme, indtil de er gennemsigtige.
6. Tilsæt kartofler og steg videre i 2 minutter.
7. Tilsæt asparges og steg i 1 minut.
8. Tilsæt bresaolaen og krydr det hele med salt og peber.
9. Kom æggene i gryden og læg låg på og lad det simre i 5-6 minutter ved svag varme. Fald ud af panden og server med det samme.

93. Gedeostomelet med rucola og tomater

- Tilberedning: 15 minutter

ingredienser

- 4 protein(er)
- 2 æg (r)
- 1 lille håndfuld rucola
- 2 tomater
- 1 tsk olivenolie
- salt
- peber
- 50 g ung gedeost

Forberedelsestrin

1. Skil 4 æg ad og kom æggehviderne i en skål (brug æggeblommer andre steder). Tilsæt de resterende 2 æg og pisk det hele med et piskeris.
2. Vask rucolaen, centrifuger tør og hak den groft med en stor kniv.
3. Vask tomaterne, skær stilkenderne i en kileform, og skær tomaterne i skiver.
4. Opvarm en beklædt pande (24 cm) og fordel med olien.
5. Tilsæt den piskede æggeblanding. Smag til med salt og peber.
6. Bag lidt ved middel varme (ægget skal stadig være lidt flydende) og vend ved hjælp af en tallerken.
7. Smuldr gedeost over omeletten med fingrene. Læg omeletten på en tallerken, top med tomatskiver og drys rucola. Fuldkornstoast passer godt til dette.

94. Ostomelet med krydderurter

- Tilberedning: 5 min
- tilberedning i 20 min **ingredienser**
- 3 stilke kørvel
- 3 stilke basilikum
- 20 g parmesan
- 1 skalotteløg
- 8 æg
- 2 spsk creme fraiche ost
- 1 spsk smør
- 150 g fåreost
- salt
- peber

Forberedelsestrin

1. Vask kørvel og basilikum, ryst tør og hak groft. Riv parmesanen. Skræl og skær skalotteløget fint. Pisk æggene med creme fraiche, parmesan, kørvel og halvdelen af basilikum.
2. Smelt smør i en ovnfast gryde, steg skalotteløg, hæld æg over og knus fetaost. Bages i en forvarmet ovn ved 200°C (konvektion 180 ° C, gas: niveau 3) i ca. 10 minutter, indtil den er gylden.
3. Tag ud af ovnen, krydr med salt og peber, drys med den resterende basilikum og nyd.

95. Tun omelet

ingredienser
- 1 skvæt mælk
- 0,5 dåse(r) tun
- 0,5 løg (små)
- noget basilikum
- lidt oregano
- noget **saltpræparat**

1. Pisk æggene med en sjat mælk til tunomelet og smag til med salt og peber. Varm olien op i en gryde og tilsæt æggeblandingen.
2. Lad det stivne et par minutter. Fordel derefter tun og løgringe over toppen. Drys til sidst lidt basilikum og oregano på toppen.

96. Omelet med kødbrød

ingredienser

- 3 spsk ost (revet)
- 1 skive (r) kødbrød
- 1 løg (lille)
- salt
- purløg
- Olie (til stegning) **forberedelse**

1. Til omeletten med kødbrød skal du først knække æggene og piske. Skær derefter kødbrødet i små stykker. Skær til sidst løget i fine strimler.

2. Varm olien op på en pande og steg kødbrødet. Hæld æggene over og lad det stivne lidt. Drys den revne ost, læg løgstrimlerne på og steg færdig.
3. Smag til med salt og peber og drys med purløg.

97. Sund omelet

ingredienser
- 4 stk æg
- 1 tomat
- 1 løg (lille)
- 1 fed hvidløg (små)
- Krydderurter (friske, basilikum eller purløg)
- Paprika krydderi
- salt
- Peber (ad mill)

forberedelse
1. Bland æggene i en skål og tilsæt de hakkede krydderurter, lidt paprika, salt og peber til omeletten.
2. Skær tomat og løg i tern. Steg nu løgene med olie eller smør, indtil de er gennemsigtige. Tilsæt herefter tomater og hvidløg og steg videre kortvarigt.
3. Tilsæt derefter grydens indhold til æggene i skålen og bland det hele. Steg halvdelen ved middel varme for at lave en omelet.
4. Når omeletten er stegt på den ene side (og vendt), kan du drysse lidt ost over den, hvis du har lyst og derefter folde omeletten.
5. Gør derefter det samme med resten af massen.

Til sidst arrangeres og serveres omeletten.

98. Pizza omelet

ingredienser

Til omeletten:

- 3 æg (økologisk, m)
- 1 skud mineralvand
- 1 shot mælk (økologisk)
- 1/2 tsk salt
- Peber (fra møllen)
- 1 tsk smør (økologisk) *Til dækning:*
- 1 stykke tomater (økologiske)
- 50 g fetaost (økologisk)
- 1/2 mozzarella (økologisk)
- basilikum
- Urter (efter behag)

forberedelse
1. Skær tomater og mozzarella i skiver, smuldr fetaen let, skær basilikum groft i strimler. Hak friske krydderurter. Pisk alle ingredienserne til omeletten.
2. Varm smørret op i en mindre gryde, hæld æggeblandingen i og lad det stivne. Når æggeblandingen er stivnet, vendes den forsigtigt og steges kort på den anden side.
3. Forvarm ovnen til ca. 200°C over-/undervarme. Læg den færdige omelet på en bageplade beklædt med bagepapir.
4. Top omeletten med de resterende ingredienser og bag i cirka 10 minutter, indtil osten er smeltet.
5. Arranger og server pizzaomelet.

99. Æble- og baconomelet

- Tilberedningstid 5 til 15 minutter
- Portioner: 2 **ingredienser**
- 6 æg
- 70 ml flødeskum
- salt
- chili
- 1 tsk purløg
- 1 æble
- 150 g bacon **tilberedning**

1. Til æble- og baconomelet steges den skårne bacon let på en pande, tages derefter af panden og stilles til side.

2. Fjern kernehuset fra æblet og skær det i ringe ca. 4 mm tyk. Steg også på panden.
3. Bland æggene med flødeskummet og krydderierne imellem. Kom æbler og bacon tilbage i gryden, hæld æggeblandingen over og lad det stivne ved middel varme med låget lukket.
4. Smag til med friskrevet peber.

100. Vegansk omelet

- Tilberedningstid 5 til 15 min
- Portioner: 2 **ingredienser**
- 1 løg

- 400 g tofu
- **Tilberedning** af grøntsager (efter smag).

1. Til den veganske omelet skæres løget i små stykker og steges i olie. Steg grøntsager (tomater, peberfrugter, svampe osv.).
2. Purér tofuen med et skvæt sojafætter eller vand, salt, peber eller gurkemeje. Fold den purerede tofu i, svits den og server den veganske omelet med friske spirer.

KONKLUSION

Husk, at disse opskrifter er enestående, så vær forberedt på at prøve nogle nye ting. Husk også, at den madlavningsstil, der bruges i denne kogebog, er enkel. Så selvom opskrifterne vil være unikke og lækre, vil de være nemme at lave!

www.ingramcontent.com/pod-product-compliance
Lightning Source LLC
Chambersburg PA
CBHW050348120526
44590CB00015B/1606